JN087663

一般市民のための法学入門

一般市民のための法学入門（'23）

©2023　李　　鳴

装丁デザイン：牧野剛士
本文デザイン：畑中　猛

s-84

まえがき

　世間一般においては、「法」と聞くと、分厚い六法全書が頭に浮かび、「難解」「堅苦しい」「無味乾燥」というイメージでとらえられることが多い。しかし、「人あるところ社会あり」「社会あるところ法あり」という古代ローマの法格言からもわかるように、法は好むと好まざるとにかかわらず、社会生活を営む上で不可欠な存在であるといっても過言ではない。特に複雑で高度に発達した現代社会では、一般市民としても自らの権利・利益を守る手段として、最低限の法知識を習得しておかなければならないことは当然のこととともいえる。

　本書は、放送大学における導入科目の印刷教材として執筆されたものであり、本書を通じて、①日本の法学の全体像をつかむこと、②法学の基礎知識を習得すること、および③社会の諸問題を法的に考える、いわゆる「リーガル・マインド」を涵養することが目的とされている。

　本書の構成は以下のとおりである。第1章から第9章までは、法の概念、日本の法文化の形成、法源、法の分類、法令用語、条文解釈の方法などの一般的基礎知識、第10章と第11章では、日本の裁判制度等、12章から第14章までは、公法、私法、社会法の中から代表的な実定法を取り上げてコンパクトにまとめて解説している。本書では、「法学入門」という性格上、抽象的な理論は極力省くことにした。また、執筆するにあたり、平易な解説となるよう、その分野で定評のある多くの教科書や入門書、法律学辞典（有斐閣法律用語辞典〔第5版〕等）を参考とし、さらに読みやすさを考え、脚注も極力省略することとした。

　法学には専門用語や法的に特有な表現・思考があり、それらを理解することは決して容易ではない。筆者自身も初めて法律を勉強した当初、

複数の法学入門書を読んでも法律の全体像がつかめず、基礎知識の習得に相当苦労した経験がある。その経験を生かして、本書では、基本的に特定の法分野にトピックを限定することはせず、必要最低限と思われる基礎知識を提供することに重点を置いている。また、法を学ぶには、「まず条文を読め」と金科玉条のようによくいわれる。そこで、条文を読み慣れるために、ところどころ市民生活にも関わる条文を具体例として用いている。とはいえ、「まず条文を読め」ということは「六法を丸暗記する」ということではないので、その点は誤解してはならない。法律の細かな条文を一つ一つ覚えることは、優れた法律家であっても現実には困難なことであるし、一般の人々の法への忌避反応の要因ともなってしまう。法学に関する勉強や研究の基本は、決して法律の条文を暗記することではなく、法の背景やその基礎を理解することである。

　本書は、各章の冒頭において《目標＆ポイント》および《キーワード》を、各章の末尾において《学習のヒント》を提示している。また、本科目はラジオ公開科目であることから、聴衆の方々の理解がより進むよう、講義（放送教材）中に法学者・大学教授、実務家の弁護士をゲストとしてお招きし、お話を伺うという試みもしてみた。一般講義では語られない何かを得ていただきたいという目論見である。そして、講義の最後に是非これだけは覚えていただきたいポイントをまとめている。したがって、講義を併せて本書を利用していただければ、学習効果は一段と増すものと思う。本書が多様な目的を有する多くの読者にとって法学の基礎知識の手引きとなれば幸いである。

　最後に、ご多忙の合間を縫って、本書の草稿を詳細にわたって分担して校正し、貴重なコメントを与えていただいた柳原正治先生（放送大学特任栄誉教授）、宮島司先生（慶應義塾大学名誉教授）、田村次朗先生（慶應義塾大学教授）、岩井勝弘先生（弁護士・放送大学客員准教授）、

（以上の 4 名の先生とも講義のゲストである）、また、匿名であるが、貴重なフレンドリー・アドバイスをくださった放送大学学習センターの客員教員、ならびに大変丁寧にご対応いただいた編集者の吉岡洋美氏、その他支えていただいた多くの方々に心から御礼を申し上げる次第である。

2022年10月

李　　鳴

目 次

※本書括弧内等に記載されている略称法令名は、公的サイト「略称法令名一覧」
（https：//elaws.e-gov.go.jp/abb/　最終アクセス日：2022/06/19）によるものである。

1 | 法の概念

《目標&ポイント》 本章においては、法学を学ぶにあたり、まず、「法」というものが何か、どのような性質をもち、他の社会規範との相違および関係は何であるか、社会生活の中でどのような機能を担っているのかなどについて理解する。

《キーワード》 社会規範、行為規範、裁判規範、組織規範、法の目的、法の理念、法の機能

1. 総説

(1) 日常生活と法との関わり

「人あるところ社会あり」といわれる。私たちは、社会の一員として、大勢の人々と関わりながら社会生活を営んでいる。社会生活を営む以上、好むと好まざるとにかかわらず、いろいろな「しきたり」や「きまり」が存在する。それが社会秩序である。社会秩序は人間が社会生活を円滑に営むために必要不可欠なものである。そして、このような社会秩序を規律するものが社会規範である。

日常生活を改めて振り返ってみると、私たちの行動に各種の法が深く関わっていることがわかる。例えば、

食料品や衣類、パソコン、スマホ等を購入すれば店との売買契約を、美容室を利用すれば美容室との請負契約を、電車やバスに乗れば鉄道会社あるいはバス会社と旅客運送契約を締結した法律関係が存在する。家

で水道、下水道、ガス、電気、インターネット回線を利用するには、それぞれの事業者との水道供給契約、ガス供給契約、電力供給契約、ネット接続サービス契約を、NHKのテレビを見るにはNHKとの間に放送法に基づく受信契約を、新聞を読むためには新聞社との定期講読契約を締結する必要がある。これらについては、民法、商法、消費税法等が関わる。

　また、他人からアパートやマンションの一室を借りるには、契約法（賃貸借契約）、借地借家法が関わる。住んでいる家が自分の家であれば、物権法（所有権）が関わる。自動車運転にあたっては道路交通法が適用され、交通事故が発生し人の生命または身体が害された場合には、自動車損害賠償保障法（自賠法）や保険法が関わる。会社で働くには、雇用契約を締結し、労働契約法・最低賃金法・労働基準法・労働組合法、男女雇用機会均等法が関わる。月給から天引きされる所得税や地方税にはそれぞれの税法が関わる。

　さらには、両親や兄弟姉妹、その他の親族と同居していなくても、それらの人々とは、親族法および相続法上の法律関係という、目に見えない糸によって結ばれている。

　以上のように、私たちが意識すると否とにかかわらず、法は私たちの市民生活に身近なものである。「社会あるところに法あり」という古代ローマの法格言がある。それは、どんな社会にも法が存在し、法なくして社会は存立しえないことを意味する。

（2）法とは何か

　2−1　法の定義　さて、「法」とは何か。一口にいえば、法は社会規範の一種であり、法規範の総体をいう。「規範」とは、人にあるべき行為を要求する当為の法則であり、特定の条件の下では、常に特定の事

象が出現するという「自然法則」と異なる。例えば、「直系血族及び同居の親族は、互いに扶け合わなければならない。」(民法730条)というのは規範法則である。水が高いところから低いところへ流れるのは、自然法則であって、規範法則ではない。

　2-2　「法」と「法律」、「法学」と「法律学」の違い　「法」や「法律」という用語は、一般にはあまり明確に区別して用いられてはいない。しかし、法学の分野においては、法と法律という言葉を次のように使い分けている。「法」というときは、制定法や判例法のみならず、裁判所がしばしば援用する社会通念や一般原則、さらには法学説や法実務などによっても支えられた規範も含む意味で使われている。一方、「法律」としてまずあげられるのは、国家機関や地方公共団体が制定する制定法であり、いわゆる後述の法律あるいは法令等である。

　また、「法学」とは、法の本質・役割・意味、内容など、法的現象を研究対象とする学問をいう。「法律学」は、広義では法学と同じ意味で用いられる場合もあるが、狭義では法律が制定(立法)・解釈・適用される過程を技術および実用面から研究対象とする学問である。

　2-3　「法律」と「法令」の違い　「法律」という用語は、憲法を含まず、国会が制定する法規範だけを意味する場合と、憲法、命令(行政機関が制定する法規範)、そして規則まで含む場合がある(→第3章47頁以下参照)。一方、「法令」という用語は、狭義では法律と命令の総称である。広義では法律と命令のほか、憲法、最高裁判所規則、訓令、条例・規則などを含めて法規一般を指す場合もある。本書でいう「法令」は、特段の解説がある場合を除き、広義の法令とする。

(3) 法規範の類型
　法規範は次のように、行為規範、裁判規範、組織規範に分類すること

ができる。

3−1　行為規範　人々に対して社会生活を営む上での行為の基準を指図する法規範をいう。通常は「何々をしてはならない」（禁止）とか「何々をしなければならない」（命令）という形で定められている。例えば、憲法12条は自由および権利の保持義務と公共の福祉について「この憲法が国民に保障する自由及び権利は、国民の不断の努力によって、これを保持しなければならない。又、国民は、これを濫用してはならないのであって、常に公共の福祉のためにこれを利用する責任を負ふ。」と規定している。

もっとも、法律上は直接に禁止も命令もしないが、その規定の背後には行為規範が存することもある。例えば、民法206条は「所有者は、法令の制限内において、自由にその所有物の使用、収益及び処分をする権利を有する。」と規定している。この条文には、「禁止」や「命令」という文言がない。これは許容規範に該当する。「許容規範」とは、行為規範の存在を前提として、特定の権利者に一定の権限を明らかにする規定をいう。上記規定は、所有権者に対しては一定の権利を認める反面、所有権者以外の者に対してその所有権を尊重すべき義務を課すことを意味する。そのため、一般に、この種の許容規範をも含めて、行為規範と解されている[1]。

3−2　裁判規範　裁判における制裁発動・紛争解決のための規準を主として裁判関係者に指図する法規範をいい、「裁決規範」ともいう。例えば、刑法199条「人を殺した者は、死刑又は無期若しくは五年以上の懲役に処する。」また、民法709条「故意又は過失によって他人の権利又は法律上保護される利益を侵害した者は、これによって生じた損害を賠償する責任を負う。」というように、裁判官が紛争を裁決し違法行為を制裁するための基準を規定している。

---

1) 齊藤信宰ほか『現代社会における法学入門〔第3版〕』（成文堂・2013）8頁。

　裁判規範は、行為規範が遵守されない場合に初めて用いられるものであり、論理的には、それに対応する内容の行為規範を前提とし、実際には、両者の性質を兼ねている規範も少なくない。例えば、前述の殺人罪に関する刑法199条は「人を殺してはならない」という行為規範を、不法行為による損害賠償に関する民法709条は「他人の権利や法的利益を侵害してはならない」という行為規範を、それぞれ前提としている。典型的な法規範である民法や刑法の条文の大部分は、行為規範違反に対する強制的な法的制裁（損害賠償、刑罰など）を規定している。

　3－3　組織規範　国家の各機関（国会、裁判所、行政庁等）・公共団体等の組織構成や権限を定める法規範をいう。一般に、統治の原則を定める基本法としての憲法、例えば、憲法41条「国会は、国権の最高機関であって、国の唯一の立法機関である。」、憲法65条「行政権は、内閣に属する。」、憲法76条１項「すべて司法権は、最高裁判所及び法律の定めるところにより設置する下級裁判所に属する。」など、憲法の下位にあって国家機関の組織を定める国会法、内閣法、裁判所法、国家公務員法、公職選挙法、会計検査院法、地方自治法等が組織規範に属する。これらの組織規範によって、組織のみならず権限をも定められ、各機関に携わる公務員に各種の義務を課している。

　3－4　3種類の法規範の役割と相互関係　行為規範、裁判規範、組織規範の３つの法規範の間には複雑な交錯・相互依存関係がみられ、同一の法規範がこれらの規範類型に重複して属することも少なくない。例えば、労働契約に関して労働条件の明示や賠償予定の禁止を規定している労働基準法15条１項・16条などは、使用者の行為を指図する行為規範であると同時に、監督機関の執務基準を指図する組織規範でもあり、さらに、違反の場合の罰則（労基法119条・120条）との関連では、裁判規範でもあるとみられる[2]。

2）田中成明『法学入門〔新版〕』（有斐閣・2016）35頁。

　行為規範は、道徳・経済・文化の内容を採り入れつつ、道徳の効力を保障し、経済の活動を秩序立て、文化の建設を保護している。裁判規範は、法を有効に執行しうる制度を整え、特に国家の司法権が裁判官の恣意によって濫用されることを防止している。そして、組織規範は、「法によって組織建てられた国家と不可分に結合し、その中に国家の政治的生命を宿している」[3]。

　以上のように法は、行為規範・裁判規範・組織規範がそれぞれの役割を作用するとともに、相互に支え合った複合体あるいは立体的な重層構造をなしている。

2.　法と他の社会規範

　法は社会規範の一種であるが、全部ではない。社会規範には、法の他に道徳、慣習、宗教などもある。これらの社会規範は、それぞれ法と密接な関係を有しつつ、社会生活の秩序維持に役立っている。そこで、以下において法と他の社会規範との相違および関係について考えてみよう。

（1）法と道徳

　1－1　道徳の定義　「道徳」とは、社会生活を営む上で、一人ひとりが守るべき行為の準則をいう。すなわち、善悪という観点から、善悪をわきまえて正しい行為をなすための規範である。道徳規範は行為規範に該当する。例えば、「お年寄りや体の不自由な人に席を譲ってあげよう」「人の物を盗んではならない」等がその例である。

　道徳は、「モラル」（morality）とも称されるが、中国の古典を由来とする観念であり、「道」と「徳」という2つの考えからなる。「道」とは、人が従うべきルールのことであり、「徳」とは、そのルールを守ること

3）高野竹三郎ほか『法学の基礎〔第3版〕』（成文堂・2002）42頁。

ができる状態をいう。

　1－2　法と道徳の相違　道徳は、法律と重なる部分が少なくないため、法と道徳との相違ないし関係は、古くから多くの学者によって論じられてきた問題であり、異なる見解がみられる。対象説、関係説、強制性説がその代表的なものである。

　対象説は、法が対象とするのは人の「外面的行為」であるのに対して、道徳のそれは人の「内面的行為」であるとする説である。この説によれば、法の関心が外面的行為のみに向けられ、道徳のそれが単に内面的行為のみに向かう当為であると解する。要するに、法の外面性と道徳の内面性によって区別する。

　関係説は、法が双面的であるのに対して、道徳が片面的であるとする説である。この説によれば、法が権利と義務との対立的双面関係を規律するのに対し、道徳は義務のみを一方的片面的に規律すると解する。要するに、法的義務の双務性と道徳的義務の片務性によって区別する。

　強制説は、法が強制を伴うのに対して、道徳が強制を伴わないとする説である。この説によれば、法は組織された国家権力によって強制されるものであるのに対して、道徳は良心の呵責や不定形な社会的非難によってのみ強要されるものであると解する。要するに、この強制の有無によって法と道徳を区別する。

　1－3　法と道徳との相関関係　法と道徳との相関関係についての見解は、主に次のように３つに大別できる。すなわち、①法と道徳は根本的に同一であるとする見解、②法と道徳は全く別異、併存の関係にあるとする見解、および③法は道徳の一部であるという見解である。

図1-1　法と道徳の相関関係

①法と道徳は根本的に同一であるとする見解によれば、法規範の中には、道徳的要素が多分に含まれている。そして、これらは同時に、法にとって欠くことのできない内容となっている。例えば、刑法235条「他人の財物を窃取した者は、窃盗の罪として10年以下の懲役又は50万円以下の罰金に処する。」、民法709条「故意又は過失によって他人の権利又は法律上保護される利益を侵害した者は、これによって生じた損害を賠償する責任を負う。」の規定の背後には、他人の物を盗んではならず、人の権利を侵害してはならないという道徳規範が当然の前提となっている。

②法と道徳は全く別異、併存の関係にあるとする見解によれば、法と道徳は、それぞれ異なった根拠に基づき、自立した領域を形成し、ときには対立と矛盾さえも生じている。例えば、歩行者は歩道と車道の区別のない道路において、道路の右端に寄って通行しなければならない（道路交通法10条1項）という規定は、交通整理のために設けられた技術的法則である。このように、本来道徳とは関係なく、いわば倫理的には無色な行為であるが、国家が行政上の必要から、強制と結び付けて法規範化したものもある。

③法は道徳の一部であるとする見解によれば、「法は必要最小限の道徳」である。法は、一般通常人が守れそうなところに水準を置き、それに反しないよう要請する。これに対し道徳は、ときに一般通常人が守れそうなところより一段高いところに基準を置いて、少しでもその基準に合った気持ちをもち、かつ行為することを期待するのである[4]。例えば、親に対する敬愛や報恩をするべきであるという道徳の観点から、親を殺した場合は、一般に高度の社会的道義的非難に値するものとしても、通常の殺人罪とは別に尊属（親や祖父母など）殺人罪のような類型の規定を設けることが、法の下の平等の観点から妥当とは思われない。

---

4) 山川一陽ほか『新法学入門』（弘文堂・2012）24頁。

最高裁判所も尊属殺人罪（改正前刑法200条）の規定を違憲とし（最判昭和48年4月4日刑集27巻3号265頁）、尊属重罰に関するすべての規定（改正前刑法200条・205条2項・218条2項）は削除することとされた。

　以上の見解のどれが正しいかは、一概には言えないが、要するに、法と道徳には相違があるものの、社会秩序を維持するために相互補完的な協力関係にある。そして、道徳規範が法規範化されることが多いが、逆に、法規範が道徳規範化されることもある。

（2）法と慣習

2-1　慣習の概念　「慣習」は、一般社会生活のならわしであり、慣行・風習・習俗などと呼ばれているものである。それは、ある社会において長い間、無意識的に広く繰り返し行われることによって形成された伝統的行動様式である。慣習規範は、行為規範に該当する。

　日本の慣習には中国の儒教の影響を受けるもの、仏教の影響を受けるもの、日本独自に成立・発達したものなど様々ある。例えば、年間行事、食事作法、お辞儀作法、冠婚葬祭の服装、土足厳禁、中元・歳暮の贈答、年賀状の交換、宴会の席順、名刺交換のルール等である。

2-2　法と慣習の相違　慣習も一種の社会規範であり、法と同様、外面的規範であるという点では一致するが、以下の点において大いに異なる[5]。

　第1に、慣習が成立した社会は一般世間であるのに対し、法が成立した社会は国家という組織である。それが故に、慣習の内容は、地域や職業によって異なる場合が少なくない。例えば、香典袋の色は、関東では白黒、銀色で、関西では白黄、銀色である。もっとも奈良県は例外で白黒を使用する。また、葬式では会場や自宅の入り口において、関東では花輪を、関西では樒を置くのが一般的である。これに対し、法は国家と

5）高野ほか・前掲注（3）29-30頁等参照。

いう単位で画一的に適用される。

　第2に、慣習も法と同様、外面的規範であるが故に、強制を伴うということができる。例えば、友人が死亡した場合、通夜や告別式にも行かず、香典も出さなければ（訃報連絡の際に辞退される場合を除く）、世間から良くはいわれない。内心では、いやだと思っても、世間からの不評を考えてそうすることもある。このように、一般的には、人は不利益を回避するために、様々な慣習に従って生活している。もっとも、慣習には法のように組織的・画一的な強制力はない。

　第3に、慣習の行為規範としての保障は、一般常識や社会通念といったものである。例えば、冠婚葬祭に際しての服装のしきたりに背いた場合には、「変わり者」「世間知らず」とか「人並外れ」といった世間の非難が浴びせられる。しかし、慣習をあえて無視する者にとっては、そのような非難は何の意味ももたない。これに対し、法の保障は、組織化された国家権力であるため、違反者に対しては、国家権力による法的制裁が加えられる。それ故、法の強制は保障されており確然としているが、慣習の強制は保障されず漠然としている。

2－3　法と慣習の関係　上述のように、法と慣習とは異なるものであるが、一方、両者は密接な関係を有する。法は、その立法・改正の過程において、絶えず慣習を摂取してきている。今日の法典のなかに規定されている多くは、かつての慣習が法規範化されたものである。また、法として承認された慣習、すなわち慣習法も少なくない。特に民法、商法、国際法などの分野では現在でも重要な法源を形成している（→第3章57頁以下参照）。

（3）法と宗教

３－１　宗教の概念　「宗教」とは、一般に人間の力や自然の力を超えた存在（神や仏等）に対する信仰や、それに関わる営みをいう。宗教規範も行為規範に該当する。

　宗教は、ユダヤ教、キリスト教、イスラム教のように、万物を創造し、固有の意志をもった人格的存在としての神を中心に置くものと、仏教、儒教、道教のように、法、理、道という抽象的、非人格的な原理、法則を根底に置くものとに大別される。日本の宗教は、仏教、儒教、キリスト教という外来の世界宗教を受け入れながらも、民族宗教としての神道も日本人の社会生活の全般に浸透しているのが特徴である。

　宗教という信念体系は、宗教思想、宗教体験、宗教集団という要素からなり、さらに、信念を表す行為が定式化されて、非日常的な神聖な行為として宗教儀礼、祭礼となる。一方、してはならない行為は戒律となり、信念を日常生活において実践する宗教倫理が課せられる。つまり、宗教は、個人的な心の救いを本質とするが、人の行為のあり方についても、様々な規範を与える場合が多い。

３－２　法と宗教の相違　法と宗教の相違については、およそ以下の点があげられる[6]。

　第1に、法は組織的な社会力、特に国家権力によって強行されることを原則とし、社会秩序の維持を目的とするが、宗教は神仏に対する個人の信仰を基礎として安心立命をその目的とする。

　第2に、法は原則として権利義務の対立的存在として双面性をもっているが、宗教は神仏を信仰する者において、片面的な義務のみである。

　第3に、法は現実の世界において、正義を追求し、正・不正を理性的に判断するが、宗教は神仏の世界、心の世界において、絶対の愛・慈悲の心をもって現実的な悲劇をも是認しながら方便をもって説くのであ

6）山上賢一『現代の法学入門〔第4版〕』（中央経済社・2006）17頁。

る。

　3－3　法と宗教の関係　現代社会においては、ほとんどの国では宗教と法律は分離している。しかし、法文化の起源を探ると、どの国も宗教の影響を深く受けている。宗教における組織秩序、禁忌などの規律が法の誕生に啓蒙的な役割を発揮していたことは否めない。

　ところで、戦後の日本では、政教分離の原則が導入されている。ここにいう「政」は政府（国家）、「教」は教会（宗教団体）を意味する。「政教分離の原則」とは、国家と宗教は切り離して考えるべきとする原則のことをいう。政教分離の原則は、憲法20条１項後段・３項、89条の規定に反映されている。したがって、日本の憲法の下では、法と宗教の関わりは、必要最小限度しか認められない。

　以上からわかるように、道徳、慣習、宗教も行為規範に該当するため、法とこれらの社会規範とが重なる部分は、法規範のうち行為規範であって、重ならない部分は、裁判規範と組織規範である。その上、法は社会的な強制力を伴った社会規範である。これが、法と他の社会規範との最も大きな相違点である。

3．法の目的・法の理念・法の機能

　法の概念を理解するには、法が何を目指して、どのような理念の下で、どのような機能を担っているのかについても理解することが必要である。

（1）法の目的

　法は社会生活の中で生まれ、歴史とともに変遷していく規範であるから、個々の法には、必ずそれぞれの目標がある。したがって、法の目的

は、法によって達成されるべき目標のことである。近年制定される法律には、その冒頭ないし第1条に立法の「目的」が明記されていることが多い。例えば、道路交通法1条は「この法律は、道路における危険を防止し、その他交通の安全と円滑を図り、及び道路の交通に起因する障害の防止に資することを目的とする。」と規定している。一方、法の目的が明示されていない法律もある。例えば、民法や刑法などには、その目的は明示されていない。

　目的を理解せずには、法を理解しえない。それ故、個々の法律を解釈する際に、妥当性のある結論になるようにその法の目的を十分に理解する必要がある（→第9章153頁参照）。

（2）法の理念
　今日では、正義と法的安定性をもって法の理念としているのが一般的である。

　2-1　正義　さて、「正義」とは何かについては、古来様々な見解が示されてきたが、正義は、人間の行為を、正しい、正しくないというように判断するための基準である。

　また、正義は、人間の社会的関係において実現されるべき究極的な価値であり、善と同義に用いられることもある。もっとも、善は主として人間の個人的態度に関わる道徳的な価値を指すのに対して、正義は人間の対他関係の規律に関わる法的な価値を指す。

　2-2　法的安定性　そして、「法的安定性」とは、法に従って安心して生活できることをいう。人々が安心して社会生活をするためには、「法的安定性」を確保することが必要である。ところで、その法的安定性を確保するためには、次の要件を満たさねばならないとされている[7]。

　第1に、法の規定が明確でなければならないこと。規定の内容が不明

7）山上・前掲注（6）22頁以下。

瞭である場合は、人々はどのような行動が適法なのか違法なのかを判断することが困難となり、安心して活動することができない。さらに法律の条文の解釈が曖昧で、どんな意味か解読できない場合にも法的安定性を害する。そこで、明確な規定であるためには、制定法では明確な文章の形で法規範の内容を明らかにする必要がある。

第2に、法がむやみに改廃されてはならないこと。もちろん、法は社会情勢の変化に対応していかなければならない。だからといって、立法者の思い付きや専断により、いわゆる朝令暮改（朝出した命令が夕方にはもう改められるという意）となっては、法的安定性を欠くことでかえって弊害を伴い、社会に混乱を生ずることになる。特にその法規範の下で成立した現実の権利義務関係を変化させると、社会秩序の安定を損なうことにもなりかねない。

第3に、法の内容が現実に執行されやすいものであること。個人の人格・財産・権利等が不当に侵害されたときは、法に基づき、速やかに救済されなければならない。

第4に、法が社会生活の人々の意識に合致し、かけ離れていないこと。そうでないと、法を破ることにもなり、かえって、社会を規律することができなくなるからである。

（3）法の機能

法の機能について、比較的多くの学者が共通して次のように、社会統制、活動促進、紛争解決、資源配分という4つの機能を取り上げている[8]。

3−1　社会統制機能　これは、私法上の強行規定への違背行為や刑事上の犯罪行為のような法規範から逸脱した行為に対し、何らかの公的サンクション（制裁・処罰）を科すことによってそれを抑止する機能で

---

8) 田中・前掲注 (2) 36-39頁。

ある。加えて、法は、そうした公的サクションが公権力の恣意に陥ることのないよう、それを法的にコントロールする機能をも有する。前者は、社会秩序を維持するための法の古典的・基本的な機能である。しかし、今日では、法の支配の理念の下、むしろ後者の機能が重要となっている。

　例えば、刑法は、殺人・傷害・強盗・窃盗・詐欺・脅迫などを犯罪として規定し、死刑・懲役・罰金などの刑罰を定めている。しかし、犯罪の防止や処罰のために強制的な執行力を用いることができるのは、警察・検察などの特定の国家機関に限定されている。もっとも、これらの特定の国家機関が一方的な判断によって恣意的に強制権力を発動することのないように、警察官や検察官による捜査・逮捕・取調べ、裁判官による審理や判決の言い渡し、刑務官による刑罰の執行など、その一連の手続過程が、憲法・刑法・刑事訴訟法などによって厳格に規制されている。

3－2　活動促進機能　これは、人々が自分なりの目標や利益を実現するために自主的に準拠すべき行為の指針と枠組みを提供し、私人間の自由な活動を予測可能で安全確実なものにする機能である。法が社会を統制して人々に一定の行動を義務付ける場合であっても、決して人々の自由な活動を制限するわけではなく、むしろ人々の自由な活動を促進する。社会統制と自由な活動は、相反するものではない。自由な活動は、統制されている社会秩序の下においてこそ可能であるといえよう。

　例えば、民法が遺言や契約、会社の設立などを有効に行うための方式を定める各種の私的権能を付与する規範（権能付与規範）と、不法行為法などに基づく損害賠償の義務を課する規範（義務賦課規範）を組み合わせて示すことによって、私人間の自由な活動を促進している。また、刑法が犯罪に対して厳しい制裁を科すことになるのは、犯罪によって国

民の生命・身体・自由・財産などの法益が侵害される場合にとどまり、それ以外のことでは制裁を科すことなく、国民の自由を保障している。

3－3　紛争解決機能　これは、社会の構成員間における紛争を自主的解決・平和的調整・実効的解決する機能である。紛争解決機能には、紛争を未然に防ぐための機能も含まれる。どの社会にもその構成員間に様々な意見・利害の対立や紛争が存在するため、そのような対立や紛争を平和的に調整し実効的に解決する仕組みを確立することが、社会秩序の維持と発展にとって不可欠である。法は、一般的な法的基準によりあらかじめ権利義務関係をできる限り明確に規定し紛争の予防に努める。とともに、具体的な紛争が発生した場合に備えて紛争を解決する法的ルールを定める。当事者間で自主的に解決できない紛争については、最終的に裁判所が公権的裁定を下すことにより解決する。

例えば、使用者と雇用される労働者の間での紛争を予防するために、採用時に労働契約を締結するとともに、使用者には法定必須事項が記載される労働条件を労働者に明示しなければならないという労働条件明示義務が課されている（労基法15条・労基法施行規則5条）。契約関係の継続期間内に不幸にして労使紛争が起きた場合には、まず労使当事者間で可能な限り自主的な努力により円満な解決を図る。自主的に解決できない場合は、最後に行政機関や司法機関を通じて解決する。

3－4　資源配分機能　これは、現代の福祉国家、社会国家と呼ばれる社会経済秩序への介入を政策目的実現の手段として生まれた機能である。国家は、人々の社会経済生活に広範かつ積極的に配慮しつつ介入するようになっている。そして、法は、経済活動の規制、生活環境の整備、教育・公衆衛生などに関する各種公共的サービスの提供、社会保障、各種の保険や租税による資源の再分配等々の重要な手段として広く用いられている。

　このような資源配分機能をもつ法は、行政法や税法などの公法の他、労働法、社会保障法、経済法、さらに環境法、消費者法などの社会法の領域に多くみられる。そして、私法の分野でも、各種の新たな特別法だけでなく、不法行為などの伝統的な領域における規定の制定や解釈にあたって、資源配分機能を重視する動向もみられる。

【学習のヒント】
1．法と他の社会規範との相違および関係について考えてみよう。
2．法は社会生活の中でどのような機能を担っているか。

参考文献

奥田進一＝高橋雅人他『法学入門』（成文堂・2018）

齊藤信宰ほか『現代社会における法学入門〔第3版〕』（成文堂・2013）

真田芳憲『法学入門』（中央大学・1996）

宍戸常寿編著『法学入門』（有斐閣・2021）

末川博『法学入門〔第6版補訂版〕』（有斐閣・2014）

高野竹三郎ほか『法学の基礎〔第3版〕』（成文堂・2002）

高橋雅夫編著『Next教科書シリーズ法学〔第3版〕』（弘文堂・2020）

田中成明『法学入門〔新版〕』（有斐閣・2016）

玉田弘毅ほか『わたしたちの生活と法〔補訂版〕』（成文堂・2006）

山川一陽ほか『新法学入門』（弘文堂・2012）

山上賢一『現代の法学入門〔第4版〕』（中央経済社・2006）

柳原正治『法学入門』（放送大学教育振興会・2018）

2 | 世界の主な法体系と 日本の法文化の形成

《**目標＆ポイント**》 本章においては、世界の主な法体系と日本の法文化の形成過程を概観するとともに、大陸法系と英米法系の各々の特色および日本の法文化の特徴を理解する。
《**キーワード**》 ローマ法、大陸法、英米法、コモン・ロー、エクイティ、日本の法文化

世界法体系の分類としては、大陸法の系列に属するもの、英米法の系列に属するもの、伝統的中国法の系列に属するもの、イスラム法の系列に属するものなどをあげることができる。しかし、今日、国際的に大きな影響力をもっているのは、何といっても大陸法と英米法の二大法系である。

1. 大陸法系

（1）ヨーロッパ大陸法の形成

1－1　古代ローマ法　古代ローマは、紀元前753年に建国され、紀元前500年頃に王政を廃し共和政へと移行した。紀元前3世紀以降、とりわけ、第2次ポエニ戦争（前218-前201年）の勝利により、次第に領土を拡大してローマ帝国となった。3世紀の後半に至って、ローマ帝国は東西ローマに分離することになり、以後は東ローマ帝国を中心として発展することになった。

ア．十二表法と市民法　ローマ法は、古代ローマ時代に制定された法

律の総称であり、近代の法概念に対する理解を深めるためにも重要であるとされている。紀元前450年頃に古代ローマにおいて『十二表法』（Lex Duodecim Tabularum）と呼ばれる成文法典が存在していた。これは、ローマ最古の法典である。名前は12枚の銅版または木版に刻んで記されたとする伝承に由来する。内容は多岐にわたり、既存の慣習法を成文化したものが中心で、民事訴訟、債務、財産、不動産、結婚、家族、相続、葬儀、不法行為、犯罪等に関する法や規則を含む。私権の保障、貴族と平民の通婚禁止、家父長の絶対権などが特徴である。適用範囲はローマ市民のみであった。そして、この法典を中核として、ローマ市民法（ius civile）が形成されていった。

　イ．名誉法と万民法　紀元前3世紀より、ローマは地中海通商の中心となり、ローマ市民にのみ適用される属人主義の市民法では新しい社会情勢に適応することができなくなってきた。そのため、法務官（praetor）は、従来の市民法を修正・変更・補充するために「名誉法」（ius honorarium）という新しい法を用いて柔軟に対応した。この名誉法は、法務官による告示という形式で発せられたものであることから、「法務官法」（ius praetorium）とも呼ばれた。名誉法はまたローマ市民以外の異民族にも適用されたので、万民法（ius gentium）の起源ともなり、発達していった。

　万民法は、普遍的規範という意味で「自然法」（事物の自然本性から導き出される法の総称）と同義に用いられることもある。紀元後212年、ローマ帝国に住むすべての住民に市民権が与えられたことに伴い、市民法と万民法の区別は消滅した。

　ウ．法学者による回答権　紀元前3世紀中葉から紀元後3世紀初頭までの間、皇帝による勅法が重要な法源となっていた。その頃、ローマには数多くの法学者が現れた。法務官は、法学者の意見を採用して裁判

をしたが、アウグストゥス帝（Augustus。ローマ帝国の初代皇帝。在位：紀元前27-紀元14年）は、特定の優れた法学者に法律問題について裁判所を拘束する回答権を付与した。このことがローマ法とローマ法学の発展を促した。

エ．ローマ法大全　6世紀に入り、東ローマ皇帝ユスティニアヌス1世（Justinianus I. 在位：527-565年）が主導して大規模な法典編纂事業を行った。その成果は、次の4つの書物からなる。①『勅法彙纂』（Codex）。歴代の皇帝の勅令集成である。②『学説彙纂』（Digesta）。ドイツ法上では「パンデクテン」（Pandekten）といい、古典時代の法学者の著作の抜粋集成である。③『法学提要』（Institutiones）。法学教科書である。④『新勅法』（Novellae）。勅法彙纂公布後からユスティニアヌス帝死亡までの勅法を集成したものである。これらの書物を併せて「ローマ法大全」もしくは「市民法大全」（Corpus Iuris Civilis）と呼ばれている。

一方、西ローマ帝国の滅亡、優秀な人材が東ローマに流れていたことなどを背景に、古代ローマ法は衰退していった。

1－2　中世期の大陸法系　中世末期からローマ法が復活した。ヨーロッパ各国はローマ法を継受し、共通の地盤の上で大陸法系が発展した。

ア．ローマ法学　11～12世紀にイタリアのボローニャ大学を中心としてローマ法の研究が復活するようになった。この研究は主に市民法大全に関するものであり、法文に言語学的批判や論理的注釈を加えることとしたため、「注釈学派」（Glossatores）と呼ばれている。その後、13世紀から16世紀に至ってこれを受け継いだ新たな学派は「後期注釈学派」（Postglossatoren）と呼ばれている。この学派は、学問的注釈を行うとともに、実務に適合するようローマ法を当時の社会に実用的なものとして発展させた。当時のイタリアの各都市の条例においてはローマ法が補

充的な法源として適用されていた。次第に、ローマ法の解釈・運用がヨーロッパ各国に継受された。その法文献は、後世の判決の際に引用されるなど、近代の法典編纂が行われるまで大きな影響を与え続け、その結果、ヨーロッパ全土で通用しうる「普通法」（ius commune）となった。この普通法は、ローマ法と後述の教会法から成り立っているものであり、国や都市同士の紛争を解決する際の基準にもなった。

　イ．ゲルマン法　ここにいう「ゲルマン法」（germanisches, Recht）とは、ゲルマン人（現在のドイツ北部、デンマーク、スカンディナヴィア南部地帯に居住していたインド・ヨーロッパ語族）の古法ないし固有法である。特に5世紀後半から9世紀初頭にかけて編集された諸部族法典を指す。従来の慣習法が成文化されたものであり、卑俗ラテン語で記録されている。内容的には贖罪、贖罪金（ブーセ Busse）の規定や訴訟法的規定が多い。慣習法的、団体法的な点が特色とされる。また、ゲルマン法は属人主義的であった。西ローマの崩壊後に多くのローマ人が居住している地域がゲルマン人王国の支配下に入ったものの、ローマ人には引き続きローマ法が適用された。部族法は中世を通じて法的に有効なままであったが、次第に領邦独自の法に置き換えられ、体系的なものとまでは至らなかった。今に伝えられる部族法は、西ヨーロッパにおいてローマ人とゲルマン人の接触、融合によってゲルマン化したローマ法、すなわち卑属ローマ法である。

　ウ．教会法　「教会法」（ius ecclesiasticum）とは、カトリック教会が定めた法のことをいい、「カノン法」（ius canonicum）とも呼ばれている。グラティアヌス教令集（Decretum Gratiani）[1] を含めて、12世紀中葉から15世紀中葉までに編纂された6編の法典・法令集からなる。内容は教会の構成、教会官僚制、統治体制、制裁、裁判制度、婚姻等についての規定である。教会法は、ローマ法の影響を強く受けたものであった

---

1) 1140年頃、ボローニャのカマルドリ会修道士ヨハネス・グラティアヌス（Johannes Gratianus）が編纂した教会法の法令集。

が、やがて教会法学者によって学問的に整理され、ローマ法大全ととも
に普通法の法源として重要な位置を占めるようになった。教会法は、大
陸諸国の法の発展に大きな影響を与え、とりわけ、後述のフランス法、
ドイツ法、イギリス法の基礎となっている。

（2）フランス法

　フランスにおいては、1789年のフランス革命に至る前、北部ではゲル
マン慣習法に由来する多様な慣習法が存在し（「慣習法地帯」と称され
る）、南部ではローマ法に由来する成文法が支配した（「成文法地帯」と
称される）。

　革命後、ナポレオン1世（Napoléon Bonaparte。在位：1804-1814年、
1815年）統制の下に、フランス民法典が制定され、1804年に公布された。
全文2281か条、身分編、財産編、財産取得編の3部からなる。フランス
民法典においては、ローマ法の規律の多くを維持し、前述の北部の慣習
法と南部の成文法を統一した。この法典が採用している所有権の絶対
性、契約自由の原則、過失責任主義などの立場は、近代市民法の基本的
原理として、その後にヨーロッパをはじめ世界の国々の民法典の模範と
なった。

　フランス民法典に引き続いて、民事訴訟法典（1806年）、商法典
（1807年）、治罪法典（＝刑事訴訟法典。1808年）、刑法典（1810年）が
相次いで制定された。これらの法典は併せて「ナポレオン五法典」ない
し「ナポレオン法典」と称される。当時のナポレオンの支配下にあった
ベルギー、オランダ、イタリア、ドイツ西部等にも適用され、そして、
植民地であった中南米諸国、北アメリカ合衆国のルイジアナ州やカナダ
のケベックなどにも継受されている。

（3）ドイツ法

　ナポレオンの勢力が駆逐された後のドイツにおいて、ローマ法、フランス法、および後述のプロシア一般ラント法が入り乱れて存在していた。19世紀に入ってから、「パンデクテン法学」と呼ばれる学派がローマ法をもとに時代に即した体系化を試み、ついに、3巻からなる「パンデクテン教科書」が出来上がった。これがドイツ民法典第1草案の基礎をなした。ドイツ民法典の編纂は1874年に開始され、第1草案、第2草案の紆余曲折を経て、第3草案は、1894年に帝国議会を通過してドイツ民法典として成立し、1900年に施行された。ドイツ民法典はいわゆるパンデクテン法学によるもので、極めて精緻な理論体系の下で構成されている。

　プロイセン一般ラント法は、フランス民法典やオーストリア一般民法典と並ぶ18世紀プロイセンの大法典である。プロイセン王国は、現在のドイツ北部からポーランド西部までの領土を有し、首都はベルリンにあった。1780年、大王のフリードリヒ2世（在位：1740-1713年）の命令により、従来のローマ法の適用を排し、国の事情に適合し補充的効力をもつ一般法典を作るという目的で、法典編纂事業が始まった。その結果として出来上がったのが、1794年に公布された『プロイセン一般ラント法』である。この法典は、民事法のみならず、刑法、行政法をも対象とする、膨大な法典である。改訂を加えられつつ、1900年のドイツ民法典の施行まで効力を有した。

　ドイツ民法典は、フランス民法典と同様、ローマ法に由来する制度が多く存在し、各国の立法に大きな影響を与えている。例えば、スイス、ハンガリー、旧ユーゴスラビア、旧チェコスロバキア、ポーランド、ギリシャ、トルコ、ソビエトなどの民法典に継受された。そして、その精緻なパンデクテン法学の影響を日本などでは強く受けており、日本を通

じて中国、韓国にまで影響が及んでいる。

2. 英米法系

英米法は、大陸法と並んで現在の世界における二大法系の1つである。そして、「コモン・ロー」（Common Law 普通法）とは、イギリスにおいて行われるところのいわゆる伝統的な裁判例のことを指すのが一般的である。これは、後述するエクイティ（Equity 衡平法）や制定法（Statute）と比較される概念である。コモン・ローの概念は、時にローマ法（Civil Law）、大陸法（Continental Law）の概念に対する「英米法」の概念一般を指して用いられることもある。

英米法系はイギリス法が母法である。アメリカ合衆国（ルイジアナ州を除くその他の州）、カナダ（ケベック州を除くその他の州）、オーストラリア、ニュージーランド、インドなど、かつてのイギリス植民地はほとんど英米法系である[2]。

（1）イギリス法
1-1　コモン・ローの形成　イギリスは、ヨーロッパ大陸とはドーバー海峡で隔てられ、地理的に北イタリアから距離があることもあり、ローマ法はあまり影響を及ぼさなかった（もっとも、スコットランドではローマ法学に依拠した法発展がみられた）。

イギリスにおいては、従来は地方の慣習が行われていた。しかし、11世紀中頃にノルマン王朝を樹立したウィリアム王以来の国王は、国内法の統一を志し、国王裁判所を設け、慣習法によって裁判させた。13世紀には国王裁判所によって全国一律に適用されるいわゆるコモン・ローが一般的法源として確立していった。裁判所は判例を変更することができない、いわゆる「先例拘束の原則」としてきた。

2）アメリカ合衆国のルイジアナ州やカナダのケベック州では、大陸法が継受されている。

　歴史的には、国王裁判所として王座裁判所、民訴裁判所および財務裁判所があった。後に併せてコモン・ロー裁判所と呼ばれるようになった。これらの裁判所に訴えを提起するためには、大法官府（Chancery）から、訴訟開始令状（original writ）の発給を得ることが必要とされた。

　1－2　エクイティの形成　しかしながら、このコモン・ローは中世末期から近世の初頭にかけて著しく硬直化してきた。そのために、このコモン・ローのみでは当時の社会の受容に応えられなくなった。とりわけ、コモン・ローがいわゆる信託における受益者の権利を認めないことなどが問題となった。そこで、大法官（Lord Chancellor。国王の最高顧問）が正義の概念に基づいてコモン・ローの欠陥を補うために、エクイティ裁判所を設立して、弾力的な救済方法を採用し、コモン・ローによって救済されない場合の救済を図った。やがて、この大法官の扱う事件が増加してくるに従って、エクイティによる判例法が形成されることになった。

　エクイティは、厳格で形式的・一般法的な法であるコモン・ローに対して、個々の事件のもつ特殊性を重視し、柔軟性の欠如となりうる法を具体的に補正する原理であった。このように、当時のイギリスにおいては、別系統であるコモン・ロー裁判所とエクイティ裁判所が併存しており、コモン・ローの法体系の他にエクイティの法体系が存在することになった。しかし、19世紀に両裁判所は統合され、同一の裁判所でエクイティ事件とコモン・ロー事件とが取扱われることになった。

（2）アメリカ法

　アメリカの建国は、イギリスによって統治されていた大西洋沿岸に位置する13植民地に端を発した。そして、1776年7月4日、アメリカは英国との交戦時、アメリカ独立宣言（United States Declaration of Independence）の採択によって独立した。

　長期にわたる戦乱の後、13植民地は1787年、合衆国憲法を制定し、それぞれ主権の一部を連邦政府へと委譲した。各州は、憲法上の定めのない事項については固有の立法権・司法権を保持することとした。そのため、それぞれの州が法域の単位をなすとともに、共通の大枠はイギリス法であった。もっとも、それは「選択的継受」にすぎない。

　したがって、アメリカ法が判例主義を採用している基本的特徴は、イギリス法と同様であるものの、先例拘束性の程度は相対的に緩やかで、個別の法規範も実情に応じて修正されていた。また、アメリカの場合には連邦制を採用し、各州に立法権や司法権を認めたことから、イギリスの場合とはかなり異なった法の発展があると考えられる。

　以上を簡潔にまとめると、成文法主義を採用している大陸法系は、ローマ法に源を発し、中世におけるローマ法学、ゲルマン法、および教会法の三者の関わりを経て、フランス、ドイツ等各国の法制度へと流れてきた。一方、判例法主義を採用している英米法は、イギリスで発展し、米国その他に継受された法体系である。イギリスは、ローマ法の影響が少なく、独自の発達を遂げてきた。判例法、慣習法からなるコモン・ローと、それを補充するエクイティを中心とする点が特色である。

　大陸法と英米法の一番の違いは、大陸法では、制定法が第一次的法源とされ、すべての法領域で尊重されるとする「成文法主義」（「制定法主義」とも呼ぶ）が採用されているのに対し、英米法では、判例が第一次的法源とされ、裁判所により作られた判例に先例的拘束力が認められているところである。

3. 日本の法文化の形成

　日本の法文化について、歴史を振り返ってみると、明治維新前は「伝統的中国法の継受」、明治維新から昭和20（1945）年の第二次世界大戦の終結までは「ヨーロッパ大陸法の継受」、第二次世界大戦後は「アメリカ法の影響」の3つの段階を経て形成されてきた。以下において、その流れを辿ってみよう。

（1）明治維新前—伝統的中国法の継受

　1－1　「法」「法律」という用語の由来　「法」という漢字は中国に由来するが、もともとは「灋」という形で、最初は西周金文（紀元前1070頃-紀元前771年）に見られていた。これは、刑法に関わる伝説の神獣を意味する。神獣は角をもって正邪を判断し、その角で邪な者を突くといわれた。古代中国では、法は特に「刑」を指したが、春秋時代（紀元前770-紀元前403年）より、「法」と「律」に変わった。清の時代末までは、「法」は制度の意味、「律」はルールや決まりの意味に用いられていた。今日的意味で用いられる「法律」という漢字は、日本で明治時代に西欧法律制度を翻訳し移植した際に漢字を活用して新しく造られた用語である。

　1－2　伝統的中国法　古代中国の伝統的法源は慣習法であったが、戦国時代（紀元前5世紀-紀元前221年）以降は成文法化するようになった。例えば、「法経」や「九章律」である。法経は、戦国時代に魏の李悝が編纂したとされる法典であり、盗法・賊法・囚法・捕法・雑法・具法の6編から構成され、中国歴史上の初の体系的な成文法典であった。それは、秦の商鞅によって律と改められ、後に前漢初期（紀元前206年頃）の蕭何が戸・興・厩の3編を加えて九章律とした。

唐宋時代（618-1297年）は中国の法制度が相当完備され、『永徽律疏』（「唐律疏義」とも呼ばれている）という法典が存在していた。これは、唐の高宗の永徽3（652）年に編纂、翌年に頒布され、計12編、すなわち名例、衛禁・職制・戸婚・詐偽・厩庫・賊盗・擅興・闘訟・雑律・捕亡・断獄、502条からなる注釈書である。

唐の時代に、中央政府において、大理寺・刑部・御史台の三つの司法機関が設置されていた。大理寺は審判を担当し、国家最高審判機関としての性質を有する。刑部は司法行政および案件の再検査を担当する。再検査の過程において問題を発見した場合には、原審機関に差戻し再審を求める。検査の結果、問題がなければ、死刑案件については皇帝に上程し承認を仰ぐ。徒刑（懲役）・流放（流罪）案件については終審とする。御史台は監督を担当する。このようにして、当時の司法制度は既に審査、検査、監督の機能を具備し、極めて厳格であった。

唐宋時代に比べ、明清時代の伝統的中国法体系は一部整備されているものの、大きく変わってはいなかった。伝統的中国法体系は、日本、朝鮮、ベトナムなど周辺の国家・地域に大きな影響を及ぼした。

1－3　明治維新前の成文法の編纂　日本の法体制は、7世紀末から8世紀初めにかけて、唐の律令法制を継受して整備が始まった。例えば、推古天皇の時代、聖徳太子（574-622年）によって制定された『憲法十七条』（604年施行）は、中国から継受した儒教・法家・道家・仏教などの思想が盛り込まれた日本最初の成文法であった。また、7世紀の後半になると、天皇を頂点とする中央集権制度を整備し、確固たるものとするために、隋・唐の律令格式の法体系を模範として規定の法典化が推進された。大宝律令（701年制定、702年施行）とこれを改正した養老律令（718年制定、757年施行）がその代表的法典である。

12世紀の幕府から明治維新まで約700年間続く武家政権の下での武家

法は、律令法制を継承し、その補充法として発達した慣習法の法体系で
あった。また、徳川吉宗が『御定書百箇条』（江戸時代後半期の幕府
の司法法典）を制定するに際し、明律（中国明代の基本的刑法典）を参
照したといわれている。明治初期も、新政府がひとまず律令を基礎とし
た法制度の構築を行う過程で、とりわけ刑事法の領域は中国法の影響を
受けていた。例えば、明治3（1870）年『新律綱領』、明治6（1873）
年『改定律例』等は、明律・清律やその注釈書などを参照して編纂され
た刑事法典であった。

（2）明治維新後―ヨーロッパ大陸法の継受

　2-1　西欧法典の翻訳から　19世紀半ばにおける欧米列強の圧力に
よって開国を強いられた明治政府にとって、国内的には富国強兵を推進
するために強固な中央集権の確立、対外的には幕末の開国の際に諸外国
との間に締結した不平等条約の改正が最大の課題であった。そのために
は、近代法の法典編纂と司法制度の確立が急務となっていた。その一番
手近な方法として西欧法を継受する道が選択されることになった。

　その時、フランスの『ナポレオン法典』が最新法典として日本に紹介
されていた。当時の司法卿である江藤新平が、フランスの諸法典を翻
訳して日本の法典にしようと、「誤訳もまた妨げず、ただ速訳せよ」と
学者に翻訳を命じた。その成果として、『仏蘭西法律書』と題する刑法・
民法・商法・憲法・訴訟法・治罪法（＝刑事訴訟法）の翻訳が完成して
順次公刊された。

　2-2　多数の西欧学者を招聘　また、政府は西欧から多数の学識者
を招聘して、法知識の講述や諸法典の編纂の助言、日本の法学者や法曹
の養成を担当させた。

　最初に招かれたのは、フランスの弁護士であるブスケ（G. Bousquet。

滞日期間：1872-1876年）である。ブスケは、明治5（1872）年から5年間にわたってフランスの法典に関する知識や法制度・裁判制度の構築に関する知識についての講述を行うとともに、法学教育機関の設置を提言して政府におけるフランス法学習の基礎を築いた。そして、明治6（1873）年には、フランスの法学者、教育者であるボアソナード（G. Boissonade de Fontarabie。滞日期間：1873-1895年）が来日した。ボアソナードは、刑法や治罪法、民法の起草等に携わって活躍していた。

　その後、ドイツ人の法律顧問も次々と招かれた。このうち、外務省に招かれて来日したドイツの法学者・経済学者であるロエスレル（H. Roesler。滞在期間：1878-1893年）は、大日本帝国憲法作成や商法草案作成の中心メンバーとして重要な役割を果たした。また、ドイツの法律家、司法官僚であるテッヒョー（H. Techow。滞日期間：1883-1887年）は、日本の教育顧問、民事訴訟法案の検討者、起草者等を歴任した。

2−3　法学教育機関の整備　明治5（1872）年には司法省は、明法寮という法学校を設立し、フランス人教師を招聘して裁判官養成教育を開始した。その教師はブスケおよびボアソナードであった。明法寮は明治10（1877）年には司法省法学校と改称され、後17（1884）年に文部省直轄の東京法学校となり、18（1885）年には東京大学法学部に吸収された。また、東京大学の前身、東京開成学校においては、明治7（1874）年以降イギリス法による法学教育が行われた。その他、和仏法律学校（明治12年東京法学社として創立。法政大学の前身）、明治法律学校（明治14年創立。明治大学の前身）、東京専門学校（明治15年創立。早稲田大学の前身）、英吉利法律学校（明治18年創立。中央大学の前身）、関西法律学校（明治19年創立。関西大学の前身）、日本法律学校（明治22年創立。日本大学の前身）など、私立法律学校が相次いで設立され、ここへ外国人法律家を講師として招いて、フランス法かイギリス法の講義を通

じて法学教育が行われた。当時は官民問わず多くの人が西欧へ留学していた。

このように、法学教育機関の整備によって、優秀な裁判官や法学者が多く輩出されている。

2-4　法典編纂　明治期の主要な法典編纂は、すべてフランスやドイツの法学者等が携わった。

民法、旧刑法、治罪法（＝刑事訴訟法）はボアソナードに起草が委嘱された。ただし、民法について、家族法の部分は、古くからの風俗習慣を斟酌して立法すべきであるという理由で、日本人委員に起草が委ねられた。ボアソナードの起草した部分、日本人委員の起草した部分は、明治23（1890）年に別々に公布され（法律28号、98号）、そして、1つの民法として、同26（1893）年に施行されることとなった（それを「旧民法」と呼ぶ）。しかし、後述の法典論争のため、施行されないまま廃止された。旧民法は、フランス民法・イタリア民法・ベルギー民法などを参考に編纂したもので、とりわけフランス民法の影響を強く受けていた。

刑法草案は、1810年のナポレオン刑法を基礎として、かつフランス以外の諸国の立法例をも参酌し、さらにボアソナードの所論も各所に盛り込まれたものである。そして、治罪法草案は、フランス治罪法を範囲とする日本の最初の刑事訴訟法典で、犯罪処分に関する手続および裁判所の構成等を規定した。刑法と治罪法との草案が先にでき、明治13（1880）年に公布され、同15（1882）年1月1日から施行された。もっとも、治罪法は、同23（1890）年、ドイツ法の影響を強く受けた刑事訴訟法と裁判所構成法の発布に際して廃止された。

商法はロエスレルに起草が委嘱され、同23（1890）年に公布され、明治24（1891）年1月1日から施行されることとなった。しかし、この商

法典は、民法の場合と同じように後述の法典論争の対象となったため、極めて変則的に商事会社・手形・小切手・海商などに関する部分のみが施行され、その他の部分は延期されることになった。そして、未施行の部分は、その後さらに修正され、明治32（1899）年に公布・施行された。

　実体法に加えて、明治23（1890）年には裁判手続法が次々と制定されていった。すなわち、行政裁判を独立の行政裁判所に行わせる行政裁判法、民事訴訟法、同年制定の裁判所構成法に基づく治罪法の改正により制定された刑事訴訟法が公布・施行された。これらの手続法は、いずれもドイツ法を範とするものであった。うち、民事訴訟法はテッヒョーに、裁判所構成法はルードルフ（O. Rudorff。ドイツ人）に、それぞれ起草が委嘱された。

2−5　大日本帝国憲法の制定　以上の法典編纂と並行して憲法典の編纂も進められた。憲法典編纂の中心人物は、後に日本初代の内閣総理大臣に就任する伊藤博文であった。伊藤は、起草に先立って憲法調査のため直接ヨーロッパに赴いて、特にベルリンとウィーンでプロイセン憲法を学んだ。帰国後、政府の法律顧問であったロエスレルを顧問として、天皇の強大な権限を確保しうるドイツ帝国憲法（1871年）およびベルギー憲法（1831年）に範をとり、君主の意思で制定され、国民に与えられた（天皇が臣民に恩恵的に与えたものとして）いわゆる欽定憲法を完成させた。これが、明治22(1889)年に発布された大日本帝国憲法（「明治憲法」とも呼ばれる）である。

2−6　法典論争　ところが、既に公布されて、施行まで決まっていた民法と商法につき、公布前後から、その施行に反対する意見が現れた。そのため、商法については、明治26（1893）年までその施行が延期されることとなった。しかし、この民法の施行については、強硬な反対論が起こり、断行派と延期派との間で激しい論争が展開された。これを

「法典論争」あるいは「民法典論争」と呼んでいる。この論争には、フランス法系の学者は断行派に立ち、イギリス法系の学者は延期派に立った。論争の背景には複雑な要素が絡んだようである。フランス法系の学者は、不平等条約の改正のために一刻も早く民法を施行したいという立場をとった。これに対してイギリス法系の学者は、特に家族法についての条文が旧来の日本の実情と乖離していることを指摘した。

　この法典論争は、結局、延期派の勝利に終わり、明治23（1890）年に公布された民法は廃止された。新民法は明治31（1898）年に、新商法は同32（1899）年に施行された。民法については、フランス民法典が基礎をなし、ドイツ民法典第1草案が新たに参照された。

　2－7　ドイツ法学への傾斜　その後、明治41（1908）年にドイツ刑法を範とする新しい刑法典が施行された。結局、民法を除き、大日本帝国憲法をはじめ、商法、刑法、民事訴訟法、刑事訴訟法、いわゆる「六法」はほぼすべてドイツ型の法典となった。

　以上より、明治維新初期から盛んに参照されたフランス法学の影響力は明治20年代に入ると次第に低下していき、これに代わって法学分野を問わず、ドイツ法学への傾斜が一般化していった。それが故に、ドイツ法学は、19世紀後期以来日本の法学界に大きな影響を与え、現代に繋がる法体制の基盤を構築することになった。

　フランス法の影響が低下した理由の1つとして、ナポレオン法典の成立から1世紀を迎えようとする当時において、内容がやや古くなってきていたという事情がある。そして、日本の法学がドイツ法学へ傾斜するようになった主な理由は、ドイツ法学全体が厳格であり、体系性・論理性に優れているためと考えられる。

（3）第二次世界大戦後―アメリカ法の影響

　昭和20（1945）年8月、日本は戦争に敗れ、日本帝国主義は崩壊した。第二次世界大戦の無条件降伏による終了に伴い、連合国による占領が行われ、昭和26（1951）年の講和条約[3]まで続いた。この間に日本は、国家組織、経済体制、社会制度とも激変した。日本の戦後処理に全面的に関与したのはアメリカであった。そして、日本の法体制も、憲法や裁判制度を中心に、英米法、特にアメリカ法の影響を強く受けるようになった。

3－1　アメリカ法を範とする憲法全面改正　日本は、「ポツダム宣言」[4]で求められた日本の自由主義化・民主主義化を実現するため、連合国最高司令部の占領下で新しい憲法の制定に着手することとなった。

　最初の草案（国務大臣松本烝治案）は、明治憲法と大差のない保守的なものであったため、連合軍最高司令部（総司令部）に拒否された。代わりに、総司令部案（いわゆるマッカーサー案）が提示された。これは「憲法改正草案要綱」となり、昭和21（1946）年6月の第90回帝国議会に提出されて可決され、同年11月3日に公布、翌年5月3日から施行された。これが、現在の日本国憲法（「昭和憲法」とも呼ばれる）である。

　日本国憲法は、国民主権主義・基本的人権尊重主義・権力分立主義・平和主義の四大主義（原則）を中心に構成されている。欽定憲法である明治憲法に対し、民定憲法に分類される。明治憲法の下で「万世一系の天皇」として主権者であった天皇は、もはや主権者ではなく、日本国および日本国民統合の象徴とされることとなった（→第12章「憲法の概説」参照）。

3）昭和26（1951）年9月、サンフランシスコにおいて講和会議が開催され、8日、対日講和条約が調印。同時に日米間では日米安全保障条約が締結。両条約は国会で批准され、翌年4月28日発効。これにより連合国による占領は終了し、日本は独立を回復。

4）昭和20（1945）年7月26日、ポツダム会議で米・英・中（後にソ連も参加）が発した対日共同宣言。日本の無条件降伏・武装解除・戦争犯罪人の処罰・民主化の実現・連合国による管理などを内容とするもの。

3-2　アメリカ型裁判制度の導入　日本国憲法の下では、アメリカ型裁判制度も導入された。つまり、まず、最高裁判所を頂点とする司法裁判所が、行政部から完全に切り離され、最高裁判所に規則制定権（憲法77条）や司法行政権が与えられた。また、従来の大陸法型の行政裁判所を廃止して司法裁判所一本化を図り、通常の司法裁判所、行政事件をも含めて一切の法律上の争訟を裁判する権限が与えられた（憲法76条）。そして、検察官を行政官とし、裁判所と行政事務（登記、戸籍、供託等の事務）を分けた。さらに、最高裁判所に、法令などが憲法に違法していないかどうかを審査する、アメリカ型の違法審査権が認められ（憲法81条）、司法権の独立が強化された。なお、最高裁判官の国民審査制度の導入（憲法79条2項）や最高裁判所における少数意見制度（裁判所法11条）などもアメリカ法の制度をモデルとするものである。このように、司法権の優位を強化し、徹底した独立を図っている。

3-3　その他の法改正におけるアメリカ法の影響　その他、各種の法制度もアメリカ法を参照して抜本的に見直された。例えば、平成20年法律第57号による改正前の商法中の株式会社法の改正、会社更生法は、アメリカ法を参考にしたもの、独占禁止法（正式名：私的独占の禁止及び公正取引の確保に関する法律）の制定は、アメリカの反トラスト法を参考にしたものである。また、刑事訴訟法の改正、労働法制（旧「労働組合法」「労働関係調整法」「労働基準法」）の改正などにもアメリカ法の影響が強い。

　以上、日本の法文化の形成を辿ってきたところからわかるように、日本の法制度は、もともと儒教や仏教を背景に律令という伝統的中国法系から大きな影響を受けていたが、明治維新以後、フランスやドイツなどの大陸法系の法制度を継受して近代化された。そして、第二次世界大戦

後、憲法や裁判制度を中心に、英米法系に属するアメリカ法の強い影響の下に抜本的な法改正が行われた。しかも、明治維新以後の大陸法系の継受や、第二次世界大戦後のアメリカ法の強い影響を受けた法改正は、いずれも、基本的には欧米諸国からの圧力によって行われたものであった。このようにして、日本の法制度は、ある単一の国の法体制のみを受け入れたというわけではなく、多様な外国法の影響を重畳的に受けながら、漸次これを吸収し、かつ日本独特の文化と見事に融合させている。これが日本の法文化形成の特徴であるといえよう。

　なお、日本法は、第二次世界大戦後のアメリカ法の影響を強く受けたとはいえ、法制度の骨格が依然として大陸法系的であるため、大陸法の系列に属する。

【学習のヒント】

１．大陸法系と英米法系の各々の特色は何か。

２．日本の法文化はどのように形成されてきたか。

参考文献

侯欣一「中国の古代法律（中華法系）」

　（http : //baijiahao.baidu.com/s?id=1685247239268779499&wfr=spider&for=pc　最終アクセス日：2022/06/19）

永井和之＝森光『法学入門〔第３版〕』（中央経済社・2020）

星野英一『法学入門』（有斐閣・2010）

柳原正治『法学入門』（放送大学教育振興会・2018）

山川一陽ほか『新法学入門』（弘文堂・2012）

3 | 法源

《目標＆ポイント》　本章においては、日本の法制度における成文法と不文法にそれぞれどのような法源があるのか、そして、成文法の法源については、その制定機関、制定の手続および成文法間の形式的効力の優劣関係を、不文法の法源については、その意義および位置づけを理解する。
《キーワード》　法源、成文法、不文法、慣習法、判例法、形式的効力の優劣関係

　「法源」とは、一般的に裁判官が裁判において判断を下す際に用いられる基準のことである。厳密には形式的・実質的の2種類の用法がある。「形式的法源」とは、法の存在形式、すなわち、法規範がどのような形式で存在しているかを意味する。「実質的法源」とは、法を発生させる実質的な要因のことである。通常、法源といえば、形式的法源を指す。

　そして、形式的法源は、その存在形式から、成文法と不文法の2つに大別される。「成文法」とは、ルールの内容が文章の形式で示され、一定の形式と手続によって制定された法規範であり、「制定法」とも呼ばれる。これに対して、「不文法」とは、その名の示すとおり、ルールの内容が文章の形式で制定されていないものであり、非制定法とも呼ばれる。

1. 成文法

　日本法は大陸法系に属するため、成文法が主要な法源である。そして、日本の法制度における成文法はその成立形式から、憲法、法律、命令（政令、省令など）、規則（議院規則、最高裁判所規則）、条例および条約の種類がある。

（1）憲法

　1－1　憲法の意味と分類　「憲法」とは、一般的には、国家の統治の主体、統治組織、統治作用などの基本的な原理原則に関して定めた法規範をいう。憲法は、以下のように、いくつかの視点から分類される。

　ア．憲法の形式による分類　「憲法」という題名をもつ特別の法形式である憲法典として成文化されているか否かによって、「成文憲法」と「不成文憲法」に分類される。第二次世界大戦後、多くの国は成文憲法を有する。不成文憲法の例は、イギリスが代表的である。なお、成文憲法は「形式的意味の憲法」とも呼ばれる。これに対し、成文、不文を問わない憲法は、「実質的意味の憲法」と呼ばれる。

　イ．憲法改正の手続による分類　憲法改正の手続によって、「硬性憲法」と「軟性憲法」に分類される。すなわち、憲法改正手続に普通の法律改正以上に厳格な手続を要求する憲法を「硬性憲法」という。これに対し、憲法改正が普通の法律改正と同様の手続で行いうる憲法を「軟性憲法」という。日本国憲法を含む近代諸国の成文憲法の多くは、硬性憲法に属する。

　ウ．憲法制定の主体による分類　憲法制定の主体によって①欽定憲法、②民定憲法、③協約憲法、④条約憲法に分類される。「欽定憲法」は、君主主権の思想に基づいた君主単独によって制定された憲法である

のに対し、「民定憲法」は、主権在民の思想に基づいた国民によって直接あるいは代表者を通じて間接的に制定された憲法である。明治の大日本帝国憲法は前者、現行の日本国憲法は後者に属する。「協約憲法」は、君主主権と主権在民との妥協により、君主と国民との契約形式で制定された憲法である。これは、欽定憲法と民定憲法の中間的形態で、1830年のフランス憲法がその代表例である。そして、「条約憲法」は、多くの邦が条約（合意）によって1つの連邦国家を形成した場合の憲法である。1787年のアメリカ合衆国憲法がその代表例である。

1-2 憲法改正の手続 日本国憲法（以下、単に「憲法」という）を改正する場合には、まず、国会で各議院（衆議院と参議院）の総議員の3分の2以上の賛成をもって憲法改正を発議し、国民に提案してその承認を経なければならない。この承認には、国民投票による過半数の賛成を必要とするとされている（憲法96条1項）。憲法改正が国民の承認を経て確定したときは、天皇は国事行為として、内閣の助言と承認により、国民のために、国民の名で、この憲法と一体をなすものとして、直ちに憲法改正を公布する（憲法7条1号・96条2項）。このように、憲法を改正する場合は厳格な手続が必要であり、例外は認められない。

1-3 形式的効力の優劣関係 憲法98条1項では「この憲法は、国の最高法規であって、その条規に反する法律、命令、詔勅及び国務に関するその他の行為の全部又は一部は、その効力を有しない」と規定している。これにより、憲法は国の最上位の法規であり、憲法の下において法源と認められている法形式であっても、その内容が憲法の定めに反するときは法的効力を有しないことになる。

（2）法律

2-1 法律の意味 法律には、「広義の法律」と「狭義の法律」の

２つの意味がある。広義の法律は、法と同じ意味に用いられる。狭義の法律とは、国権の最高機関である国会の議決を経て制定され、「法律」という名で公布される法の形式をいう。

２−２　法律の制定手続　狭義の法律を制定するには、まず法律案が国会に提出されることを要する。これを法律案の発議という。法律案の発議ができるのは、内閣（内閣法５条）と国会議員（国会法56条）である。国会に提出された法律案は、委員会での審議を経て、両議院の出席議員の過半数で可決されて初めて法律となる（憲法56条２項・59条１項）。衆議院で可決した法律案が参議院で否決された場合は、衆議院で出席議員の３分の２以上の多数で再び可決したときに法律が成立となる（憲法59条２項）。

成立した法律には、主任の国務大臣が署名し、内閣総理大臣が連署した（憲法74条）上で、天皇が公布する（憲法７条１号）。公布は、官報に「〇年法律第〇号」という形式で掲載して行われる。公布がなされると、別段の定めがその法律中にない限り、その日より起算して満20日が経過した日から施行される（通則法２条）。

２−３　形式的効力の優劣関係　憲法は最高法規であることから、法律の形式的効力は憲法に劣位するが、憲法に次ぐ強い形式的効力を有する。ただし、条約よりは下位と解される。

基本的には憲法は国家が守らなければならないものであるのに対し、法律は国民が守らなければならないものである。例えば、憲法が規定する国民の基本的人権を守らなければならないのは国家であるのに対し、刑法や労働基準法の規定を守らなければならないのは、事業者を含む国民である[1]。

---

1) 高橋雅夫編著『Next 教科書シリーズ法学〔第３版〕』（弘文堂・2020）38頁。

（3）命令

3−1　命令の意味　命令は、一般的には目上の者が目下の者に対して言い付けることを意味する。しかし、法律上の「命令」とは、行政機関が制定する法規の総称である。もっとも、営業停止命令といった、行政機関によって個別に発せられる命令とは別のものであることに注意が必要である。

　今日の日本は、三権分立という統治原理を採用しており、国会は国の唯一の立法機関とされる（憲法41条）。そのため、憲法の特別の定めがない限り、国会以外の機関による立法は許されない。しかし、憲法および法律の規定を実施するために、または法律によって委任された事項を実現するために立法機関（国会）以外の行政機関には、法を制定する権能が与えられる。もっとも、現行憲法の下で認められる命令は、後述の執行命令と委任命令のみであり、独立命令（法律を根拠とせずに独立に定める命令）は認められない。また、法律の委任がない場合は、罰則を設けることもできなければ（憲法73条6号ただし書等）、義務を課し、または権利を制限する規定を設けることもできない（内閣法11条等）。

3−2　命令の種類　命令は、制定する行政機関によって政令、内閣府令、省令、規則などの名称となる。

　政令は内閣が制定する命令であり、憲法・法律の規定を実施するために制定される執行命令と、法律の委任に基づいて制定される委任命令に分類され（憲法73条6号、内閣法11条参照）、法律の題名を用いて「〜法施行令」のように命名されることが多い。例えば、消費者契約法施行令等である。なお、政令には、法律と同様に、すべて主任の国務大臣が署名し、内閣総理大臣が連署することが必要とされる（憲法74条）。

　内閣府令は内閣府（内閣総理大臣）が発する命令であり（内閣府設置法7条4項）、省令は各省の大臣が発する当該省の命令である（国家行

政組織法12条）。内閣府令も省令も、法律・政令を施行するために発される執行命令と、法律・政令の特別の委任に基づいて発される委任命令に分類され（内閣府設置法7条3項、国家行政組織法12条1項）、法律の題名を用いて「〜法施行規則」のように命名されることが多い。例えば、子ども・子育て支援法施行規則（府令）、会社法施行規則（法務省令）等である。

　規則は各委員会、各庁の長官がそれぞれ法律に基づいて発する特別の命令であり（国家行政組織法13条1項）、「〜規則」のように命名されることが多い。例えば、人事院規則、会計検査院規則等である。

3-3　形式的効力の優劣関係　命令は、法律の授権を根拠にすることから、その形式的効力は法律に劣後する。命令の中では、政令の形式的効力が最も優位する。内閣府令と省令の形式的効力は同格であり、規則は最も下位にある。

（4）議院規則と裁判所規則

　「規則」という用語には注意が必要である。規則には、①議院規則、②裁判所規則、③上述の命令に該当する規則、④後述の条例に該当する規則があり、それぞれ制定権者が異なる別種の法形式である。以下において解説するのは、その①と②である。

4-1　議院規則　衆議院と参議院の各議院が、各々単独の議決により定めるものである。国民を代表し独立に活動する両議院は、議事手続、内部組織および秩序維持などについて、他の国家機関および他議院からの干渉を排除し自主的に決定する権能、すなわち議院の自律権を有する。この自律権に基づき、両議院は、憲法と法律の範囲内で、「会議その他の手続及び内部の規律に関する」規定、また「院内の秩序をみだした議員を懲罰する」規定を規則という法形式で制定することができる

（憲法58条2項）。具体的には、衆議院規則、参議院規則の他、衆議院傍聴規則、参議院傍聴規則などがある。

　議院規則は、天皇による公布の対象となってはいない。その効力は院外には及ぼさないが、院内では議員の他、国務大臣、証人、参考人、傍聴人なども拘束するため、官報に掲載して公示されている。

　4－2　最高裁判所規則　最高裁判所が、憲法77条1項に基づいて、「訴訟に関する手続、弁護士、裁判所の内部規律及び司法事務処理に関する事項について」定めるものである。具体的には、刑事訴訟規則、少年審判規則、民事調停規則などがある。これは裁判の手続等に関する技術的側面について、法の専門家である裁判所が定めたほうが実際的であるという理由の他に、司法権の独立性を確保するとともに、最高裁判所の監督機能を強化することを図るという趣旨によるものである。

　最高裁判所規則は、最高裁判所の裁判官会議で制定される（裁判所法12条）。制定された規則は、官報に掲載される。また、最高裁判所は、下級裁判所に関する規則の制定権を下級裁判所に委任することができる（憲法77条3項）。

　4－3　形式的効力の優劣関係　議院規則、最高裁判所規則とも広義の法令に含まれる。その2つの規則は、憲法上認められた独自の法形式であり、国会を唯一の立法機関とする（憲法41条）ことの例外である。

　ところが、議院規則・最高裁判所規則が法律と抵触するとき、その効力の優劣関係が問題となる。議院規則については、法律が優先すると解されている。一方、最高裁判所規則については、法規範の形式的な効力を重視すべきか、裁判所の独立性を確保すべきか、という観点から議論がある。法律を優先すべきであると解する説、最高裁判所規則を優先すべきであると解する説、そして、同一の効力を有するので「新法は旧法を廃する」の原則に基づくべきであると解する説がある。この問題につ

いての判例はなく、決着はついていない。

（5）条例

5－1　条例の意味　「条例」とは、地方公共団体（都道府県・市町村）が制定する自主法の形式をいう。憲法は、一定の範囲で地方公共団体に自治立法権を認めている（憲法94条）。そのため、条例の性格は授権規範である。一般に、条例と規則をあわせて「例規」と呼ばれる。条例の例として、公害防止条例、公安条例、青少年保護条例、迷惑防止条例、消費者保護条例、廃棄物条例、放置自転車対策条例など、日常生活に密接な関係のあるものが多い。

5－2　条例の制定　各地方公共団体にはそれぞれ議会が設置され（憲法93条1項）、この議会が条例を制定するのが通例である（自治法96条1項1号）。地方公共団体の長（都道府県知事・市町村長）は、その権限に属する事務に関し規則を制定することができる（同法15条1項）。その他、公安委員会や教育委員会のような地方公共団体の委員会もその権限に属する事務に関し、規則その他の規程を定めることが可能である（同法138条の4第2項）。

　条例の制定や改廃は、議会の議決によって成立する（憲法96条1項1号）。条例には、一定の範囲内で、懲役、禁錮、罰金、拘留、科料、没収などの罰則を付けることができるが（同法14条3項）、規則には、行政罰として科料しか科すことができない（同法15条2項）。

5－3　形式的効力の優劣関係　条例は、「法律の範囲内で」（憲法94条）「法令に違反しない限りにおいて」（地自法14条1項）制定されうることから、法令すなわち法律および命令よりも形式的効力は下位となる。したがって、条例が法令に抵触する場合は、法令の内容が優先して適用され、条例はその部分について無効となる。

　ところが、公害防止条例や消費者保護条例などには、法令の規定よりも厳しい規制をすること（いわゆる上乗せ条例）や規制対象としていない範囲まで広げること（いわゆる横出し条例）が可能かどうかという問題が生じる。これをめぐって見解が分かれている。かつてはこうした規制はすべて違法であるとされていたが、公害問題を契機として、法令に明文の規定がなく、立法の目的・趣旨が各地方公共団体の裁量を許容している場合には、違法ではないという見解が有力となっている。

（6）条約

6－1　条約の意味　「条約」とは、複数の主体（国家、国際機関等）の間で国際法に基づいて文書の形で成立する国際的合意をいう。その文書のタイトルに、条約（Treaty または Convention）という名称以外に、協定（Agreement）、議定書（Protocol）、憲章（Charter）、宣言（Declaration）といった名称が用いられることもある。これらの名称が付けられる場合であっても、条約という概念に含まれる。「名称のいかんを問わない」としているのは、国家間などで結ばれる個別の文書による合意には、形式についての統一的な規則がないからである。条約には、締約国が２カ国のみである二国間条約、例えば日米安全保障条約（安保条約）などと、３カ国以上である多国間条約、例えば無形文化遺産保護条約などがある。有効な条約は、その締約国を国際法上拘束するのみならず、その締約国の国内にあっても１つの法源として扱われる。

6－2　条約締結の手続　国際法上は、条約を締結するための決まった手続はなく、当事国が合意すればどのような手続でもよいことになる。通常は、署名、批准、加入、受諾、承認等がある。締結の具体的方法は、各条約に規定されており、複数の方法が認められる場合もあれば、特定の方法が指定されている場合もある。

　日本国憲法の下では、条約の締結権が内閣に与えられている（憲法73条3号）。一般に、内閣から派遣された使節（任命された全権委員）が合意文書を作成して調印または署名し、それを内閣が批准する。しかし、条約の締結にあたり、事前に（例外的場合には事後に）国会で承認を経ることが必要とされている（同法73条3号ただし書）。そして、国会で承認された場合は、天皇がこれを国民に公布する（同法7条1号）。これが一般に「国会承認条約」と呼ばれるものである。これ以外に、行政府の判断のみで締結できる行政取極がある。

　6-3　形式的効力の優劣関係　条約と国内法との関係は、憲法が条約の誠実な遵守を求めていること（憲法98条2項）、条約の締結に国会の承認が必要なこと（同法73条3号）、および条約が天皇によって公布されること（同法7条1号）を根拠に、条約は日本の国内法の一形式としてその効力を認められている。そして、同様な観点から、条約は法律に優位すると解するのが通説である。もっとも、多くの場合、この条約を実施するためには、国内において改めて法律が制定される。例えば、「麻薬及び向精神薬の不正取引条約」を実施するために麻薬特例法が制定されている。一方、条約規定の中には、国内法を制定することなく、そのまま行政措置の根拠とされ、また、裁判所において直接適用される場合もある。いわゆる「自動執行条約」である。例えば、国際人権規約の一部の規定などである。

　条約と憲法との形式的効力の優劣関係をどのように解するかについては、条約優位説と憲法優位説の2つの説が対立しており、日本では憲法優位説が多数説である。

表3-1 成文法種類

成文法間の優劣関係については、特段の説明がある場合を除き、表の上から下に向かって形式的効力が弱くなっていく。

種類		制定機関	概説	表記例
憲法		国民	国家の統治の主体、統治組織、統治作用などの基本的な原理原則に関して定めた法規範。国の最高法規	日本国
条約		内閣（国会承認）	複数の主体（国家、国際機関等）の間で国際法に基づいて文書の形で成立する国際的合意	○○条約
法律		国会	国会の議決（衆・参両議院で可決）を経て制定される法規範（狭義の法律）	○○法
命令		行政機関	政令が上位にあり、他の命令は相互に対等である	
	政令	内閣	憲法および法律の規定を実施するために制定する命令	○○法施行令
	府令	内閣総理大臣	法律・政令を施行するために発令される執行命令と、法律・政令の特別の委任に基づいて発令される委任命令に分類	○○を定める内閣府令
	省令	省庁の大臣		○○法施行規則
	規則	府省庁の長、各委員会	法律に基づいて発する特別の命令	○○規則
規則	議院規則	衆議院・参議院	会議その他の手続および内部の規律に関する規則。法律より下位にある	○○規則
	最高裁判所規則	最高裁判所	訴訟に関する手続、弁護士、裁判所の内部規律および司法事務処理に関する事項について定める。法律との優劣関係については議論あり、決着はついていない	○○規則
地方公共団体	条例	都道府県・市町村	地域における事務及びその他の事務で法律またはこれに基づく政令により処理する事項について定める	○○条例
	規則	都道府県知事・市町村長等		○○条例施行規則

2. 不文法

　日本の法制度における不文法はその成立形式から、以下のように、慣習法、判例法、条理、学説があげられる。もっとも、条理、学説が含まれるかどうかの議論がある。

（1）慣習法

　1－1　慣習法の意味と位置づけ　「慣習法」とは、人々が社会生活を営む上で繰り返されてきた慣習規範の中で、法的拘束力があると認められたものをいう。つまり、慣習法が成立するためには、慣習が存在し、かつ一般的な規範意識を伴うに至ったこと、そして、法規範として認められることが必要である。

　慣習法は、歴史的には極めて重要な一般法源であった。しかし、近代以降においても成文法主義を採用する近代国家では、慣習法は成文法に対し補充的効力をもっている。日本でも同様で、慣習法は、成文法の補充的効力が認められている。もっとも、刑法上は、「法律なければ刑罰なし」という罪刑法定主義の原則（→第12章204頁参照）があることから、慣習刑法は排斥される。行政法上は、法律による行政の原理から、慣習法が認められないのは従来の考えである。しかし、近年は、慣行水利権[2]など行政機関の慣習から慣習法が認められている。慣習法が特に重視されるのは、民法、商法および国際法の領域である。

　1－2　慣習法の効力に関する一般原則　日本では、通則法（全称：法の適用に関する通則法）３条が慣習法の法的効力に関する一般原則として、次のように定めている。「公の秩序又は善良の風俗に反しない慣習は、法令の規定により認められたもの又は法令に規定されていない事項に関するものに限り、法律と同一の効力を有する」。これによって、

　2）　長期にわたり継続かつ反復して水を利用してきたという事実があって、当該水利用の正当性に対する社会の通念によって承認され、権利として認められたものをいう。例えば、灌漑水利権、飲水使用権など。

人身売買や村八分³⁾のように公序良俗に反する慣習は別として、それ以外の慣習は、法令の規定により認められ、あるいは法令の規定にない事項に関するものに限り、法律と同一の効力として認められている。もっとも、成文法が存在する場合には、慣習法は裁判規範として認められない。したがって、法令と慣習法との間に抵触がある場合は、法令の規定が優先する。

1−3　民法における慣習法　通則法3条とは別に、民法92条にも慣習の効力に関する定めがある。これによると、法令中の公の秩序に関しない任意法規（当事者が異なる特約を設定することが認められる規定）と異なる慣習がある場合において、法律行為の当事者が、その慣習による意思を有するものと認められたときは、慣習による意思のほうが優先して適用されることになる。

　民法において、法令の規定により認められた慣習としては、入会権（民法263条・294条）があげられる。例えば、ある土地（地盤）の所有権が入会権に含まれているか否かについては、各地方の慣習に従うとされている。そして、法令に規定のない事項に関する慣習としては、農業水利権、温泉権等がある。また、譲渡担保や内縁など慣習法が判例を通じて強行法規を変更することもある。例えば、かつては事実婚が一般的であったことから、その婚姻に関する慣習が慣習法となり、婚姻届けを出していない内縁の夫婦を法律上の夫婦と同様のものとみなすとした判例⁴⁾などがある。

1−4　商法における慣習法　「商慣習法」とは、商事に関する慣習法のことで、商取引の過程において形成された慣習を意味する。例え

---

3) 江戸時代以降、村落で行われた私的制裁。村のルールに従わない者に対し、村民全体が申し合わせて、その家と絶交することを意味する。「八分」は、村での交際である冠・婚・葬・建築・火事・病気・水害・旅行・出産・年忌の10種のうち、火事、葬を除く8種に関する交際を絶つためともいわれる。

4) 大判大正4年1月26日民録21輯49頁、最判昭和33年4月11日民集12巻5号789頁等。

ば、月末締め翌月末払いや、書類への押印などである。複雑かつ発展的な商取引においては、商事成文法だけでは対処できないため、商慣習法が重要な法源となる。

　商法1条2項は、商事に関し、この法律に定めがない事項については商慣習に従い、商慣習がないときは、民法の定めるところによるとしている。これによると、商法の領域では、商事成文法を最優先するが、商法に規定がない場合は商慣習を適用し、商慣習がない場合は民法を適用することになる。つまり、民法との関係では、商慣習法が民法の強行法規よりも優先的効力をもつこととされている。これは、企業をめぐる経済主体間での利益調整や経済活動の要求への迅速対応において、商慣習法や商慣習を適用するほうが合理的であるという理由によるものである。なお、会社定款、普通取引約款も法源の一種としての性質を認める学説が存在する。

　1−5　国際法における慣習法　国際法における慣習法は、国際間に成立したものであり、「慣習国際法」または「国際慣習法」という。成文法の発達が不完全である国際法の領域においては、慣習国際法は条約と並ぶ重要な法源の1つである。締約国だけに適用される条約と違い、慣習国際法はすべての国々に普遍的に適用される。

　慣習国際法は、かつては黙示の合意に基礎づけられることが多かったが、現在では、成立要件が必要とされる。国際司法裁判所規程38条1項ｂでは、裁判所が適用する慣習国際法は、「法として認められた一般慣行の証拠としての国際慣習」であると定めている。これによると、慣習国際法が成立するためには、「一般慣行」と「法的確信」の2つの要件を満たしていることが必要とされる。「一般慣行」とは、「当該事項の利害関係国の大多数の国家実行（作為と不作為）に一致が見られることである」。そして、「法的確信」とは、「それらの国家実行が国際法上の義

務であるとの認識の下に、または国際法上許容されているとの判断の下に、行われていることを指す」[5]。

（2）判例法

2−1　判例法の意味　「判例法」とは、裁判官が裁判所で下した判決や決定がある程度反復され集積されて、法規範と同一の社会的作用をなすものをいう。すなわち、一度ある事件に対して一定の判決が下されると、その判決で示された一般的基準が先例として規範化され、その後の同種の事件においても同じ内容の判決が下されるようになる。このように、判決が繰り返されることによって、その先例的機能は一層安定したものとなり、いわゆる裁判官法として形成される。

2−2　判例法の適用　判例が実際に法源として機能するのは、判決理由、すなわち判決の結論を導くための意味ある理由づけの部分である。この部分が、後の別の事件で同様の法律問題が生じたとき、先例として裁判の拠りどころとなる。判例の事実上の法源性を認めたものとして、民法177条の第三者の範囲（背信的悪意者）、内縁関係に対する法的保護、共謀共同正犯論などの社会実情を反映したものである。

判例となりうる判決は、原則として、最高裁判所、その前身である大審院、上告審としての高等裁判所の判決であって、最高裁判所判例集、大審院判決録・同判例集、高等裁判所判例集に収められたものである。しかし、下級裁判所の判決を含めてそれ以外の判決が判例機能とされることもある。異なる判例がある場合には、優先順位としては、上級審の判例が優先され、同級審の判例の間では新しい判例が優先される。

2−3　判例法の位置づけ　日本は英米法系の国々とは異なり、憲法において判例に先例的拘束力を定める明文規定はなく、形式的に成文法主義を採用している。しかし、同様の事件が起きた場合、前の判決と同

5）柳原正治『国際法』（放送大学教育振興会・2019）43頁。

じ判断をすることが事実上多い。これは裁判所の判断が統一性をもつことを意味し、法的安定性を確保することが重要だと考えられているからである[6]。そのため、日本においても、「上級審の裁判所の裁判における判断は、その事件について下級審の裁判所を拘束する」（裁判所法4条）とされ、判例法は、事実上の裁判基準たる法源として重要な役割を果たしている（詳細については、第11章参照）。

（3）条理

3-1 条理の意味 「条理」とは、社会生活において相当多数の人々が承認している物事の道理や事柄の筋道をいう。実定法規に欠缺（けんけつ）や疑義のある場合、条理により解釈することを条理解釈という。条理自体は、初めから一般的基準として存在するものではなく、裁判官が具体的事件に即して適切な裁判基準を形成するための手がかりとでもいうべきものである。

3-2 条理の位置付け 罪刑法定主義に従って無罪を言い渡せばよい刑事裁判とは違って、民事裁判では、法の不存在を理由として裁判を拒むことはできないことから、裁判が行われる際に、成文法・判例法・慣習法のいずれにも該当する法源が存在していない場合、裁判官は、裁判官自らが条理に基づいて判断を行うことがある。実際上も、社会通念、社会的相当性、公序良俗、信義誠実の原則（信義則）、権利濫用禁止原則、正当事由などの一般観念を基準として問題の解決が図れることが多いのが実情である。したがって、条理は成文法や慣習法の欠缺を補充する機能をもつ。ただ、条理は、成文法（制定法）のように、あらかじめ一般的基準として存在している他の法源とはやや性質を異にしていることから、条理の法源性を否定する見解も少なくない。

---

6) 髙橋・前掲注（1）42頁。

（4）学説

4－1　学説の意味　「学説」とは、法学研究者のある法的な主題に関する学問的見解のことである。法律学は、科学と異なり、真実の発見で決着がつくことはないため、ほとんどすべての論点について学説は分かれ、対立している。そのため、定説、通説、多数説、少数説、有力説など、様々に表現される学説がある。判例は、通説的な考え方に沿ったものが多い。

4－2　学説の位置付け　学説は、法源性を有しないことは異論のないところである。しかし、法学の歴史の中でこれに法源性が肯定されてきたこと、また今日でもこれを肯定する国もある。国際法において、裁判所は「諸国の最も優秀な国際法学者の学説」を適用することとして、法源としての学説の役割が正面から認められている（国際司法裁判所規程38条1項d）。

　日本では、学説は、慣習法のように法源として認められる通則法3条、民法92条あるいは商法1条2項に相当する規定を有してはいないが、成文法の整備が進んでいない行政通則法では、学説が部分的にその代わりを担っている。また、法令の条文は、抽象化された文言で書かれているところがあるため、学説の解釈に委ねられる部分が少なくない。裁判では、学者の意見が参考資料ないし判断基準になることもある。このように、学説は直ちに法源とはならないが、成文法の隙間を埋める役割を果たしている。

　以上より、成文法は、計画的に制定され、内容も体系的論理的に整序され、安定しているという長所がある。その反面、内容が抽象的で固定化しやすく弾力性に欠けており、改正が容易でないといった短所もある。また、成文法だけでは複雑で変動の激しい社会の法的要求に迅速に

62

対応しきれない場面がある。一方、成文法と異なり、不文法は現実の社会の変化を取り込み、社会に適合した法解釈を可能にできることから、成文法を補完する機能として大陸法系の国においても重要な法源となっている。

【学習のヒント】

1．なぜ、形式的効力の優劣関係を明らかにする必要があるのか考えてみよう。
2．大陸法系に属する日本の法制度における不文法の役割は何であろうか。

参考文献

三枝有ほか『ローディバイス法学入門〔第2版〕』（法律文化社・2018）
髙橋明弘『法学への招待〜社会生活と法〜〔第2版〕』（法律文化社・2020）
髙橋雅夫編著『Next教科書シリーズ法学〔第3版〕』（弘文堂・2020）
田中成明『法学入門〔新版〕』（有斐閣・2016）
永井和之＝森光『法学入門〔第3版〕』（中央経済社・2020）
原田大樹『現代実定法入門〜人と法と社会をつなぐ〜〔第2版〕』（弘文堂・2020）
武藤眞朗＝多田英明＝宮木康博『法を学ぶパートナー〔第4版〕』（成文堂・2020）
柳原正治『国際法』（放送大学教育振興会・2019）

4 │ 法の分類

《**目標＆ポイント**》　法の仕組みの特質やその多様な機能を理解するために
は、法の分類を知っておく必要がある。本章においては、自然法と実定法、
公法と私法・社会法、民事法と刑事法、実体法と手続法、国内法と国際法と
いう5つの分類およびその相異を理解する。
《**キーワード**》　自然法と実定法、実体法と手続法、民事法と刑事法、国内法
と国際法、公法、私法、社会法

1.　自然法と実定法

　自然法と実定法は、その生成存立の形態による分類である。
　「自然法」とは、人為によらずに生成存立し、人間や事物の本性から
導き出される法の総称である。自然法の形態は自然に不文法である。自
然法には、時代と場所に関係なく妥当な普遍性、人為によって変更でき
ない不変性ないし永久性などの特徴がみられる。自然法は、古代にあっ
ては、様々な地域や国、人々に共通して存在していた。しかし、今日の
法学において「法」を語る際、自然法はそこから除外されるのが通例で
ある。
　自然法と対立する概念は実定法である。「実定法」とは、人為によっ
て生成存立し、時間的・空間的に制約された可変的内容をもつ法を指
す。実定法は、人為により定立されるため、その妥当性は特定の時代や
場所に限定される。その意味において、あらゆる時代や場所において妥

当とされる自然法と対立する。したがって、実定法は、特定の時代や社会において実効性をもち、その法としての効力は原則としてその国家の主権が及ぶ範囲に限定される。実定法には、制定法すなわち成文法はもとより、慣習法や判例法も含まれる。今日の法学において一般的に扱う法律は、実定法である。

2. 公法と私法・社会法

公法と私法は、法の分類の中でも最も伝統的なものである。社会法は、私法と公法が融合した、相対的に新しい第3の法の領域である。

（1）公法と私法

1－1　定義　一般に「公法」とは、国家や公共団体の内部関係および国家や公共団体と国民の関係を規律する法規範をいう。例えば、通勤通学で国道、県道、市道や都営地下鉄、市営バスなどの公営の交通機関を使ったり、所得税、法人税、相続税、贈与税、消費税、住民税、事業税、固定資産税、自動車税などの税金を支払ったりするのは、国や地方公共団体が相手となる。また、犯罪が発生したときに、捜査活動、被疑者の逮捕・送検、取調べ、裁判・処罰を行うのは国家機関である。このように、国家や公共団体との関係を扱っている法は公法である。

これに対し、「私法」とは、個人（法人を含む）の社会的生活関係を規律する法規範をいう。例えば、物を売ったり、買ったりする場合において、売る方も買う方も私人である。ここでは個人間の取引だけでなく、商店や会社が取引相手であることも多いであろう。また、結婚したり、子供が生まれたりすると、家族との結びつきが生じることになる。このように、私人同士の関係を扱っている法は私法である。

1－2　公法または私法に属する法　公法の代表例は、憲法、行政

法、刑法である（→第12章参照）。もっとも「行政法」という題名の法律はない。行政法は、行政組織法、行政作用法、行政救済法に関する総称である。各種行政法規（国会法、内閣法、公職選挙法、地方自治法、国有財産法、国家行政組織法、国家公務員法、警察法、消防法、地方自治法、教育基本法、戸籍法、所得税法等）、各種特別刑法（軽犯罪法、破壊活動防止法、少年法等）、裁判所の訴訟手続を定めた各種訴訟法（民事訴訟法、破産法、刑事訴訟法、訴訟事件手続法、人事訴訟手続法、不動産登記法等）、国家間の法律関係を規律する国際法なども公法に属する。

　一方、私法の代表例は、民法、商法、会社法である（→第13章参照）。借地借家法等、手形法、小切手法なども私法に属する。

1－3　公法と私法の違い[1]　第1に、法律関係の形式について、私法関係では、私的自治の原則が妥当とされており、自由に形成できる。例えば、個人と個人の間で契約を締結する場合、相手方、契約内容、契約の形式すべてにおいて、国家が干渉せず、任意に法律関係を形成できる。一方、公法関係では、法的に極めて厳格な制約があり、関連法律に基づいてのみ形成されるものとされている。

　第2に、追求される目的について、私法関係では、私的な利益が目的であるのに対し、公法関係では、公的利益の実現が目的として追求される。ここにいう「公的利益」というのは、公共の福祉や公益のことである。

　第3に、当事者の関係について、私法関係では、当事者同士は原則として対等であり、一方が当然に優越的な立場に立つわけではない。これに対し、公法関係では、国または公共団体側が国民に対して多少とも優越的な立場に立つのである。

1－4　公法・私法の区分　公法と私法という区分は、もともとローマ法に存在していた。ドイツ、フランスなど大陸法系の諸国において、市民社会における私的自治の原則に基づく私法関係の独立性を確保する

1）山田卓生『法学入門』（信山社・2013）58頁。

ため、公法の領域については行政裁判所、私法の領域については民事裁
判所が管轄権をもつという裁判制度と密接に関連している。これに対
し、英米法系の諸国では行政裁判制度を置かず、国家・公共団体も私人
と同じ民事裁判所の管轄に服するので、行政に固有の法体系としての公
法は成立しなかった。

　日本では、明治維新後、ヨーロッパ大陸法を継受したため、私法関係
の紛争が通常の司法裁判所で扱われるのに対し、公法関係の紛争は行政
裁判所が管轄する仕組みがとられていた。しかし、第二次世界大戦後、
英米法系に倣って行政裁判所を廃止し、公法関係の紛争も通常の司法裁
判所が管轄となった（→第2章42頁以下参照）。

　1－5　公法・私法の区分に関する議論　公法と私法を区分する基準
については議論がある。法の保護する利益が公益であるか私益であるか
による利益説ないし目的説、法の規律する法律関係の主体が国家または
公共団体であるか私人であるかによる主体説、法の規律する法律関係の
性質が権力・服従の関係であるか平等・対等関係であるかによる権力説
ないし法律関係説、および法の規律する生活関係が国家的であるか市民
的であるかによる生活関係説等、種々の学説があるが、未だに定説がな
い。さらに、今日では、国家が社会経済問題に積極的に介入するように
なったこと、公法上の当事者訴訟と民事訴訟との違いがほとんどないこ
と、公法と私法の共通領域が増えてきていることなどから、公法と私法
の区分は学問的に否定される傾向にある。公法と私法の区分自体を否定
する見解や、区分の実益がほとんどなくなってきていると懐疑的・批判
的な見解がある。一方では、今日においても、公権力の行使に関する不
服の訴訟として抗告訴訟や公法上の法律関係につき、公法上の当事者訴
訟の制度を設けている行政事件訴訟法などの規定があり、公法と私法の
区分が意味を有するとする見解もある[2]。

2）山田・前掲注（1）26頁・48頁。

（2）社会法

　２−１　定義　公法と私法の中間領域として成立した法規範をいい、「社会経済法」とも呼ばれる。公法的規定が私法の領域にも浸透しているため、公法・私法いずれにも関係があるが、必ずしも一方に属さない中間的な法領域も形成されている。特に経済法では、私法分野の民法、公法分野の刑法・行政法が混在する。社会法は、私法の秩序を尊重しつつ、これに社会の公共的利益を優先する立場から修正を加え、社会的弱者の保護、国民の実質的平等の実現、および社会的調和の達成を目的とする法体系である[3]。

　２−２　社会法に属する法　社会法に属する法には、使用者と労働者の関係を中心とする労働関係を規律する労働法（労働組合法、労働関係調整法、労働基準法、労働契約法、最低賃金法等）、企業の経済活動に対する国家権力によって消費者保護等の経済関係を規律する経済法（独占禁止法、消費者保護基準法、電気通信事業法等）、失業者、少年、高齢者、障がい者など保障の必要な者に対する公的扶助、社会保険に関する社会保障法（健康保険法、生活保護法、児童福祉法、老人福祉法、介護保険法等）などがある（→第14章参照）。

3.　実体法と手続法

　実体法と手続法は、法の規定する内容の性質による分類である。すなわち、その法が法関係の実体に関するものであるか、それとも法関係の手続に関するものであるかによって区分される。

（1）実体法と手続法の定義

　「実体法」とは、権利義務ないし法律関係の実質的な内容、すなわち、権利義務の発生・変更・消滅など、あるいはその内容・性質・所属・効

3）真田芳憲『法学入門』（中央大学・1996）333頁。

果などについて規律する法規範をいう。これに対し、「手続法」とは、権利義務ないし法律関係の内容を実現するための手続、すなわち、権利義務の行使・保全・履行・強制等の運用手続を規律する法規範をいう。

　刑法の例をとれば、ある人が他人の物を盗んだ場合、刑法は「10年以下の懲役又は50万円以下の罰金に処する」（刑法235条）と規定している。しかし、刑法だけでは、犯人を逮捕したり、裁判をしたりすることはできない。実際に犯罪が発生してから、犯人を捜査し、裁判をし、刑罰を科するためには、一連の手続が必要である。この手続は刑法には規定されておらず、刑事訴訟法に規定されている。

　民法についても同様である。例えば、借主（債務者）が借りたお金を期限までに返済しない場合には、貸主（債権者）は返済を強制するように裁判所に請求することができるとされている（民法414条）。また、債務者が返済を行わないことによって債権者に損害が生じた場合には、債権者は損害賠償を求めることもできるとされている（民法415条）。しかし、実際に裁判所に請求し、損害賠償を求めるための手続は民法には規定されておらず、民事訴訟法に規定されている。

（2）実体法または手続法に属する法

　実体法に属する法としては、憲法・民法・商法・刑法などがある。そして、民法や商法という実体法に対応している手続法は、民事訴訟法、民事執行法であり、より詳細な手続は最高裁判所規則の民事訴訟規則で定められている。刑法という実体法に対応している手続法は、刑事訴訟法であり、より詳細な手続は刑事訴訟規則で定められている。その他、行政事件訴訟法、行政不服審査法、非訟事件手続法、人事訴訟手続法・戸籍法・不動産登記法、家事事件手続法なども手続法に属する。

　刑法と刑事訴訟法、民法と民事訴訟法のように、実体法と手続法が分

離されている場合があれば、独占禁止法、労働法各種、知的財産権法（特許法・著作権法等）、破産法などのように、同一法典の中に実体法と手続法を併せて規定している場合もある。また、実体法の中に手続規定が混在する場合があれば（例えば、民法414条 2 項以下）、手続法の中に実体規定が混在する場合もある（例えば、民事訴訟法61条以下）。憲法は、立法についての実体法（例えば、基本的人権の規定）と手続法（国会の構成や議事手続の規定など）の両者を含んでおり、行政法上の諸法典なども実体法と手続法の両方を含んでいる場合が多い。

（3）実体法と手続法の関係

　法の発展過程からみると、当初においては、まず手続法として裁判や刑罰に関する手続を定めており、次第に実体法へと推移・発達してきた。近代に至って実体法は、主要部分となり、手続法は、従属的・補助的なものさえみられるようになった。しかし、手続法は実体法があって初めてその存在意義が認められ、また実体法は手続法の存在によって初めてその実効性が保障される。それ故に、両者は主従の関係に立つ性質のものではなく、もとより緊密な相互補完関係にあり、両者に優劣の差はないと解されている。

4. 民事法と刑事法

　民事法と刑事法は、裁判が民事裁判と刑事裁判に区別されていることに対応する重要な分類である。同一の行為についても、民事法と刑事法では取扱いが異なり、別々の手続で処理される。

（1）民事法と刑事法の定義

　1 － 1　民事法　私人間の法律関係を規律する法規範をいう。民事法

は、私人間の紛争解決を目的として、権利の保護、被害の回復等を図る法分野である。民事実体法（民法、商法等）、民事手続法（民事訴訟法、人事訴訟法、仲裁法、民事保全法、民事執行法、倒産法等）、国際私法などが民事法に属する。

　民事法において私法と呼ばれる分野と重なり合うことが多いが、厳密には私法と民事法は同じではないことに留意されたい。例えば、民事訴訟法は民事法であるが、私法ではなく公法に分類される。

　1－2　刑事法　国家の刑罰権の行使を規律する法規範をいい、民事法と対置される概念である。刑事法は、国の治安や秩序の維持を目的として、これに反した者に、国家が刑罰を科する際に根拠とする法分野である。

　刑事法に属する法には、①具体的に犯罪の要件や刑罰を規律する刑事実体法である刑法、爆発物取締罰則、暴力行為等処罰に関する法律などの特別刑法、各種法律の罰則規定、②国家の刑罰権行使に関する手続を規律する刑事手続法である刑事訴訟法、裁判員の参加する刑事裁判に関する法律（裁判員法）など、③裁判で確定した刑罰の執行に関する行刑法である刑事収容施設及び被収容者等の処遇に関する法律（刑事収容施設法）、更生保護法などがある。

（2）民事法と刑事法の違い

　民事訴訟法と刑事訴訟法はともに公法に属するが、それぞれ民事法と刑事法に分類されることになる。しかし、1つの事件に対し、民事と刑事という2つの法的評価がなされることがある。これを理解するためには、民事法と刑事法の違いを考えなければならない。具体的に刑事責任と民事責任についてみてみよう。

　刑事責任と民事責任では、責任を問う目的が異なる。刑事責任は、法

律を犯した者（犯罪者）の社会に対する責任を問うのに対し、民事責任は、他人の権利または利益を不法に侵害した者の被害者に対する責任を問うのである。刑事責任を問う目的には、処罰を通じて犯人を更生させる、再び同じような犯罪がなされないようにする特別予防とともに、社会一般の人に対しても、犯罪を行わないようにする一般予防がある。これに対して、民事責任を問う目的は、もっぱら被害者に生じた損害を回復するためである。

　例えば、自動車を運転している者が信号を無視し、横断歩道を渡っている歩行者をはねてけがをさせた場合、運転者は運転を誤って他人に傷害を与えたので、警察は、運転者を刑法211条の業務上過失致傷罪の被疑者として検察官に送致し、検察官が起訴すれば、刑事裁判によって有罪となった場合には一定の刑罰が科せられることになる。他方、被害者は加害者に対し、治療費などの損害の賠償を請求する（民法709条、自賠法3条）ことになる。このうち、国家が加害者に刑罰を加える根拠となるのが刑事法であり、加害者と被害者との間で、損害の賠償に関して問題になるのが民事法である。

　また、例えば、他人の物を盗んだり、横領したりした場合には、窃盗罪（刑法235条）、横領罪（同法252条）の他、被害者に対する損害填補（賠償、返還）が問題になる。他人の名誉を棄損した場合にも、名誉棄損罪（同法230条）とともに、名誉を棄損された被害者への賠償（慰謝料）が問題になる。前者は刑事法に関わり、後者は民事法に関わるのである。

5. 国内法と国際法

　国内法と国際法は、法を認める主体および法の効力の範囲による分類である。

（1）国内法と国際法の定義

　1－1　国内法　国内社会を規律する法規範をいい、1つの国家によって認められ、その効力をその国家主権の領域内に及ぼすものである。通常、法といえば、国内法のことである。国内法は、国家の基本法としての憲法を頂点として民法、刑法など各種の法律から成り立っている。

　1－2　国際法　国際社会を規律する法規範をいい、国際社会によって認められ、その効力を国際社会に属しているすべての国家の領域内に及ぼすものである（もっとも、条約の場合は締結国のみに及ぼす）。国際法には、民法典、商法典のような基本となる法典に相当する国際法典が存在するわけではない。条約、慣習国際法、法の一般原則がその存在形式（形式的法源）とされている。

（2）国内法と国際法の違い

　2－1　承認方式の違い　国際社会には、国内社会におけるような集権的な立法機関および厳格な手続が存在しない。国際法は、各々の国家の国内法に定める承認方式によって効力が発生する。条約については、一般的受容の方式と変型の方式の2つが存在する。「一般的受容の方式」は、条約が国家の国内的な手続を経て公布・公表されると、条約そのものがその時点から国内的効力をもつとみなされる。これに対し、「変型の方式」は、国内法の形式に移し替えること（変型）が必要とされる。日本では、一般的受容の方式を採用し、国会の承認を経た上で内

閣が締結する国会承認と、行政府の判断のみで締結できる行政取極^{とりきめ}があ
る[4]。

2−2　組織化・強制化の違い　国際法は国内法と同様に社会生活の
規範の一種であるものの、国内法に比べて、その組織化と強制化は十分
でない。条約の違反を判定する国際司法裁判所（ICJ）は、国内裁判所
のような強制管轄権を有しないため、紛争当事国双方が同裁判所に解決
を求めるという合意があって初めて審理を開始するという仕組みであ
る。しかも、判決の強制執行が可能となる国内裁判所とは異なり、自ら
の判決を当事国に強制執行することができないため、その違反に対する
制裁も国内法の場合に比べ、著しく脆弱で不完全である。国際法を国内
法のように徹底させるには、まだ大きな課題が残されているのが現実で
ある。

2−3　適用範囲の違い　国内法は、１つの国家の内部で成立し、基
本的にはその領域内だけに適用される法である。これに対し、国際法
は、国際社会にあるすべての国家に適用されるのは慣習国際法である
が、条約の場合には締約国のみに適用される。締約国以外の第三国に
は、その条約上の権利・義務は及ばない。

2−4　抵触場合の優劣関係　国内法と国際法が抵触した場合、どち
らが優先適用されるべきかについては、基本的に各国の憲法を頂点とす
る国内法体系に委ねられている。日本では、条約や国際法規の遵守を規
定する憲法98条２項に基づいて、法律との関係では条約が優先すると見
るのが通説である。一方、憲法との関係では、学説は、条約優位説と憲
法優位説に分かれており、憲法優位説が多数である（→第３章54頁参
照）。

4）柳原正治『国際法』（放送大学教育振興会・2019）56-57頁、40頁。

（3）国際法と国際私法の関係

　「国際私法」とは、渉外的私人間の法律関係を規律する法規範をいい、法の抵触を解決する法として「抵触法」ともいう。国際私法は「法の適用に関する通則法」（通則法）に規定されており、その性格上、国内法に属する。

　国際結婚や貿易取引など複数の国にまたがる渉外的法律関係について、自国法と外国法のいずれが適用されるか、争いが起こった場合にどこの国の裁判所で判断されるか、判決の強制的な履行はどこの国でどのように行うかなどを決めるのが国際私法である。例えば、日本に居住する中国人が米国ニューヨーク州内に不動産を残して死亡した場合、当該不動産の相続人としての資格を有する者を、日本、中国、ニューヨーク州のうち、どの国・地域の相続法によるべきか、また、例えば、日本国籍の男性とアメリカ国籍の女性が婚姻する場合、婚姻成立の要件について、いずれの国の法律が適用されることになるか、また、例えば、ドイツ人とイギリス人がパリで結婚し、東京で離婚する場合、どの国の法律によって離婚できるか、日本でスイス人とフランス人との間に生まれた子の国籍は何か、などについて国際私法により定められる。

　国際法と国際私法とは用語が類似していることから、国際法は、国際私法と対比する概念として国際公法ともいうことがあるが、国内法における私法と公法の関係のように両者が対立的な関係にあるわけではない。国際法は、国家や国際組織を主体とする主権を中心として、外交関係、武力行使、領域などの問題を扱うのに対し、国際私法は、私人や企業を主体とする権利義務や法律関係、すなわち、契約、不法行為、婚姻、親子、相続などの私法的問題を扱う。

　以上述べてきた各種の法の分類は、**図4-1**にまとめられる。

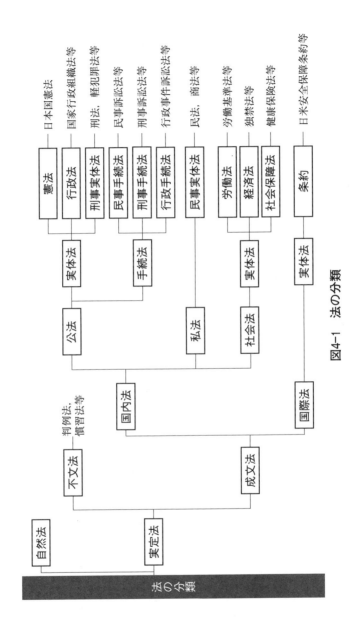

図4-1　法の分類

【学習のヒント】

1. 実体法と手続法、民事法と刑事法のそれぞれに属する法律を3つ
　ずつあげてみよう。
2. 国内法と国際法の違いは何か。

参考文献

真田芳憲『法学入門』（中央大学・1996）
高野竹三郎ほか『法学の基礎〔第3版〕』（成文堂・2002）
玉田弘毅ほか『わたしたちの生活と法〔補訂版〕』（成文堂・2006）
柳原正治『国際法』（放送大学教育振興会・2019）
山田卓生『法学入門』（信山社・2013）

5 ｜ 法令・条文の構造

《**目標＆ポイント**》　本章においては、法令の形式的理解として、法令がどのような構造になっているか、各部分を何と呼ぶか、実質の規定を構成するのはどの部分なのか、条文にどのような特徴があるかを理解する。
《**キーワード**》　法令の基本構造と実質の規定部分、条の構造、条文の構造と特徴、条文のパターン

　一般に、法令全体を理解するためには、次の2つのことが欠かせない。1つは、法令・条文の構造や法令用語の意味を正しく理解すること、いわば法令の形式的理解である。もう1つは、法令の実質的な意味・内容や立法趣旨を理解し解釈すること、いわば法令の実質的理解である。法令の形式的理解はその実質的理解のために必要不可欠である。

1. 法令の基本構造

　「法令の形式について明文化された規定はないが、法令が官報に掲載される際には先例に準拠して一定の方式が確立しており、それが基本構造と解釈されている」[1]。法令は、次のような構造になっている。①公布文、②法令番号、③題名、④前文・制定文、⑤目次、⑥本則、⑦附則、⑧別表等。以下において、それぞれ解説する。

（1）公布文

　「公布」とは、成立した国の法令を国民に周知することをいい、内閣

---

1) 参議院法制局「法律の［窓］」　https：//houseikyoku.sangiin.go.jp/column/index.htm　（最終アクセス日：2022/06/19）

の助言と承認に基づく天皇の国事行為のひとつである（憲法7条）。具
体的には、官報に国の法令が掲載されることで「公布」が行われる[2]。
公布文は、天皇（法律の公布権者）が国民に対し、憲法改正、法律、政
令および条約を知らせる旨の意思を表明した文書である。

　公布文においては、法律であれば、原則として「○○法をここに公布
する。」との文言、御名御璽、年月日、内閣総理大臣の副署が記された
公布書に続き、法律番号、法律の本文、そして最後に、主任の国務大臣
の署名と内閣総理大臣の連署を付すという形式となっている。「御名御
璽」は、天皇の署名と押印を表している。また、内閣総理大臣の副署
は、天皇の公布が内閣の助言と承認によるものであることを表してい
る。省令以下の法令の場合は、その法令の制定権のある者、例えば総務
省令の場合は、総務大臣により行われる。

　なお、公布文は、法令公布時にその冒頭に置かれるが、法令そのもの
の一部を構成するものではない。

（2）法令番号

　「法令番号」とは、国家、地方自治体等により公布される各種の法令
に対し、識別のために個別に付される番号をいう。歴年（1月1日～12
月31日）ごとに番号が初期化される。例えば、毎年1月1日以後最初に
公布される法律を「法律第1号」とし、以下公布順に番号が付けられ
る。他の種類の法令も同様に、政令番号・府令番号・省令番号・条例番
号など公布順に番号が付けられる。なお、法令番号も法令の一部を構成
するものではない。

　後述する題名が改正されても、法令番号は変わらない。したがって、
法令番号によってその法令の同一性を確認することができる。もっと
も、題名が変わらなくても、その法令が全部改正された場合には、その

---

2) 地方公共団体の条例は広報に掲載される。

法令の同一性が失われるため、法令番号も新しいものになる。例えば、統計法（昭和22年法律第18号）は全部改正されて新しい統計法（平成19年法律第53号）になった。

（3）題名

　「題名」とは、その法令が規定している分野や内容を表す名称をいう。例えば、法律であれば「○○法」「○○に関する法律」といった題名が付されている。題名の中に、「○○法の一部を改正する法律」「○○基本法」「○○特別措置法」などの用語が含まれている場合は、題名からその法令の性格を知ることができる。なお、題名以下は法令そのものの構成要素、すなわち実質の規定部分となる。

（公布文等の例）

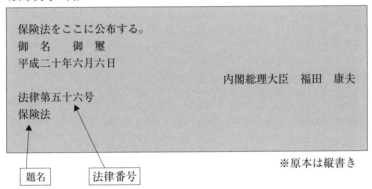

> 保険法をここに公布する。
> 御　名　御　璽
> 平成二十年六月六日
>
> 　　　　　　　　　　　　　　　内閣総理大臣　福田　康夫
>
> 法律第五十六号
> 保険法

※原本は縦書き

題名　　　法律番号

　現在、新たに制定される法令の冒頭には必ず題名を付けることになっているが、昭和22年ごろまでに制定された古い法令には題名のないものが存在する。例えば、「私的独占の禁止及び公正取引の確保に関する法律」には題名がない。そのため、便宜的に、その公布文中に使われている字句の一部をもって題名の代わりに用いている。こうしたものは「件

名」と呼ばれている。

　最近は、法令の内容を正確に表現しようとするため題名が長くなる傾向がある。題名が長い法令については、略称や略語が用いられることがある。そのため、正式な題名よりも略称や略語のほうが一般的になっていることがあり、注意が必要である。なお、法令名の略語表が掲載されている法令集や略称法令名で検索できる法令データベースがある。

表5-1　略称・略語の例

正式題名	略称・略語
自動車損害賠償保障法	自賠法
雇用の分野における男女の均等な機会及び待遇の確保等に関する法律	男女雇用機会均等法
高齢者の居住の安定確保に関する法律	高齢者居住法
配偶者からの暴力の防止及び被害者の保護等に関する法律	DV防止法
労働基準法	労基法
個人情報の保護に関する法律	個人情報保護法

（4）目次

　「目次」は、条文の多い法令において、その理解と検索の便を図るために置かれるものである。目次は、編・章・節等から構成され、章・節等ごとに関係条名（「第○条―第△条」など）が付いている。したがって、目次を参照することによってその法令の骨格を知ることができる。なお、法令に附則や別表があっても、それらは目次には記されない。

（目次の例）

```
◎民法
目次
第一編　総則
　第一章　通則（第一条・第二条）
　第二章　人
　　第一節　権利能力（第三条）
　　第二節　意思能力（第三条の二）
　　（略）
```

（5）前文・制定文

　法令によっては、前文または制定文を置いているものがある。

　「前文」とは、その法令の制定の趣旨、目的、基本理念などを強調して表明する文章をいい、本則の前に（目次があるときは目次の次に）置かれ、法令の一部を構成している。

（前文の例）

◎教育基本法
　我々日本国民は、たゆまぬ努力によって築いてきた民主的で文化的な国家を更に発展させるとともに、世界の平和と人類の福祉の向上に貢献することを願うものである。
　我々は、この理想を実現するため、個人の尊厳を重んじ、真理と正義を希求し、公共の精神を尊び、豊かな人間性と創造性を備えた人間の育成を期するとともに、伝統を継承し、新しい文化の創造を目指す教育を推進する。
　ここに、我々は、日本国憲法の精神にのっとり、我が国の未来を切り拓く教育の基本を確立し、その振興を図るため、この法律を制定する。

　「制定文」とは、法律の場合は廃止制定ではなく「全部改正」である旨を示す文章をいい、政令の場合は、その政令を制定する根拠を示す文章をいう。法律と政令の場合には題名の次に置かれ、府省令の場合には法令番号の次、題名の前（政令における公布文の位置）に置かれる。この場合、この制定文は当該府省令そのものの一部を構成するものではない。条例の場合には、題名の次に置かれることもあれば、条例番号の次、題名の前に置かれることもある。

（制定文の例）

> 政令　第二百三十号
>
> 　雇用保険法等の一部を改正する法律の一部の施行に伴う関係政令の整
> 備等及び経過措置に関する政令の一部を改正する政令
>
> 　内閣は、雇用保険等の一部を改正する法律（平成十九年法律第三十号）
> 附則第百四十三条の規定に基づき、この政令を制定する。

（左側に「制定文」の括弧）

（6）本則

　「本則」とは、法令本体の規定をいう。本則は「条」を基本単位とし
て構成されるが、条文数は法令によって大きな差がある。例えば、「民
法」（1050条）や「会社法」（979条）のように条文数が多い法律もあれ
ば、「国旗及び国歌に関する法律」（2条）や「国民の祝日に関する法
律」（3条）のように条文数が少ない法律もある。

　本則が多数の条から構成される場合は、内容的に性質の異なるものを
分類・整理して法令の内容の理解を容易にするために、章や節などに区
分されることがある。区分の単位は、「章」が基本で、下位レベル順に
「節」・「款」・「目」と細分化される。「章」よりさらに上位レベルで区分
するときは、「編」を使い、それぞれ標題が付され、例えば、「第○編」
「第○章　○○」「第○節　○○」のように表記されている。もっとも、
必ずしもこれらがすべて使われるわけではない。民法、刑法、商法な
ど、日本の法令の多くは、法典をいくつかの「編」に分け、各編に共通
する事項を総則としてまとめて前置する体系的な法典編纂方法を採って
いる。そして、本則の規定は、概ね総則的規定、実体的規定、雑則的規
定、罰則規定の順に配列されている。

　なお、稀に本則が項だけで構成されていることがある（例えば、元号

法）。これは、本則で規定する文章が複数であるものの、それらが段落としての性質しか有しておらず、内容的に別の条として分ける必要がないからである[3]。

（7）附則

「附則」とは、本則に定められた事項に付随して必要となる事項が置かれる部分をいう。附則も法令を構成する重要な部分であるため、これを見落としたり、正確に理解しなかったりすると法令の解釈運用を誤ることになる。

附則は、簡単なものは「項」で構成されるが、規定する事項が多い場合は、その上位レベルである「条」で構成されることがある。その場合、通例では第1条から開始される。なお、さらに上位レベルである章や節などに区分されることは基本的にない。附則の中の特定の条または項を引用する場合には、それらの条名または項番号の前に「附則」を冠して「附則第○条」「附則第○項」と呼ぶ。

附則に置かれている規定として、施行期日、経過措置、適用関係、関係法令の改廃、本則の特例、検討などが置かれている。もっとも、どの法令にもこれらがすべて規定されているわけではなく、その法令にとって必要なものだけが規定されている[4]。

ここにいう「施行期日」とは、法令が効力をもつ日をいう。通常その法令の附則の冒頭に、施行期日に関する規定が置かれる。これには「公布の日」に施行されるものと、公布の日以降に施行されるものがある。後者については、例えば、「令和○年4月1日から施行する」といった具体的な日にちが定められているものや、「公布の日から起算して○日を経過した日から施行」といった公布の日から一定期間経過後に施行するもの、「公布の日から起算して○月を超えない範囲内において政令で

3）長野秀幸『法令読解の基礎知識〔第1次改訂版〕』（学陽書房・2014）74頁。
4）長野・前掲注（3）96頁。

定める日」というように執行機関に委任されるものなどがある。

（附則の例）

◎保険法
　附則
　　（施行期日）
第一条　……………………………………………
（経過措置の原則）
第二条　……………………………………………
（旧損害保険契約に関する経過措置）
第三条　……………………………………………
（旧生命保険契約に関する経過措置）
第四条　……………………………………………
（旧傷害疾病定額保険契約に関する経過措置）
第五条　……………………………………………
（保険者の破産に関する経過措置）
第六条　……………………………………………

（8）別表等

　法律の中には、表や別表を置いているものがある。条の中に置かれる場合を「表」といい、法令の末尾すなわち附則の次に置かれる場合を「別表」という。いずれも条文の内容を簡潔・明瞭にするために使われる。

　別表が複数ある場合には、「別表第〇」といった形で表記され、さらに本則中の参照元の条名を併記し「別表第〇（第〇条関係）」のように表記されることもある。また附則に別表がある場合がある。これを「附則別表」といい、本則の別表と同様、「附則別表第〇」や「別表第〇（附則第〇条関係）」とする。

　表以外にも様式、書式、図、別図、別記などといったものがある。例えば、「国旗及び国歌に関する法律」では、末尾に別記として日章旗の図と君が代の楽譜が表記されている。

2．条の構造

　「条」は、本則を構成する基本単位となるものである。1つの条は原則として見出し、条名、項名などで構成される。以下において主に法律について解説するが、この解説は他の種類の法令や、民間の各種団体が定めた規則・規定、契約書などにおいてもほぼ当てはまる。

（1）見出し

　「見出し」は、条名の前に置かれている括弧書であり、条文の内容を簡潔に要約したものである。条文が長い場合には、ここに目を通すことで条文の内容を大まかに把握することができる。見出しは原則として、1条ごとに付けられるが、例外的に連続する複数の条が同じカテゴリーに属する事項を規定している場合、最初の条名の前にのみ見出しが付けられていることがある。これを「共通見出し」という。例えば、保険法において「（契約当事者以外の者による解除の効力等）」という見出しがある。これは第60条から第62条までの共通見出しとなっている。なお、見出しは、通常は条のみに付されるが、附則が項のみで構成されている場合には、その項に付されることがある。

　見出しも法令の一部を構成する。現在の法令では見出しの後に改行が入って条名が記されるが、古い法令では見出しそのものがないか、条名の後に改行なしで見出しが付されているものがある。古い法令で見出しがない場合は、市販の六法全書などの法令集に掲載する際に、出版社が見出しを付けることがある。

（2）条名

　「条名」は、ある条を特定するための名称のことであり、通常は「第

○条」と番号で表記される。複数の条がある場合には、第1条から順に漢数字で番号を振ってゆくのが正式であるが、横書きの文書で法令を表記する際に漢数字をアラビア数字に置き換える例もみられる。

　この他、「第○条の△」というような表記もある。これを「枝番号」という。例えば、民法第3条の2がその例である。条名が枝番号になっている条は、改正により追加されたものである。新たな条を追加する場合、後ろの条を順次繰り下げて空いているスペースに新条文を入れるのが原則である。しかし、大幅に条を動かすと改正規定が複雑になる場合や、条名の変更によってその条を引用している他の規定に影響を与える場合がある。それ故、枝番号が使われる[5]。条名が枝番号であっても、独立した1つの条であることに注意が必要である。例えば、民法第3条の2は、第3条に付属した条という意味ではない。

　また、法律改正で不要な条文を廃止するときには、「削除」と「削る」の2つの方法がある。

　「削除」の場合には、「第○条　削除」といった形で表記される。例えば、民法「第38条　削除」～「第84条　削除」がその例である。これは、条を削除する場合、その条を削除した後ろの条を繰り上げるのが原則である。ただし、条の追加の際に枝番号を使う場合と同様の理由で、削除すべき条を「削除」としてその事実（形骸）を残すことによって他の規定などに影響を与えないようにしているわけである。もっとも、例外がある。第1条より前に（つまり、その法令の冒頭に）新たに条を挿入する場合には、挿入前の第1条を「第1条の2」と変更し、新たに挿入した条に「第1条」を名乗らせる。また度重なる改正で枝番号や削除が増えた場合、大規模な改正の際に条名を整理することがある。

　一方、「削る」は、条文そのものをなくして、後ろの条項の番号が繰り上がることである。例えば、改正前民法第84条の2と第84条の3は

5）長野・前掲注（3）14頁。

「削る」とされたため、条文そのものがなくなった。

なお、古い法令には見出しも条名も付されないことがある（例えば、元号法など）。

（3）項名

1つの条文が段落で別れる場合、各段落を「項」と呼ぶ。各条は必ず第1項から始まる。項は段落であるため、通常、第1項には番号が付いておらず、第2項以降は、「2、3…」というようにアラビア数字で「項番号」と呼ばれる番号が付いている。もっとも、項のみで構成された附則や本則でも条名が付されない場合には、第1項から項番号が付される。

項番号は、文章の段落に便宜上付したものにすぎないことから、新たに項を挿入したり削除したりする場合、以降の項番号は当然に繰り下がりや繰り上がりが行われ、条名のように枝番号を用いたり「削除」と記したりするようなことはない。

また、項には見出しを付けないのが通例であるが、附則が項のみで構成されているときは、見出しを付ける場合が多い（例えば、「（施行期日）」など）。

古い法令では、行を変えるだけで項を区切っていた。法令集では、項名のない古い法令については、便宜上、第1項以下の項に「（2）、（3）…」あるいは「①、②、③…」の形で番号が付され、表記されている。

（4）号名

項の中で箇条書きのようにいくつかの列記事項を設ける場合には、「号」が用いられる。号の冒頭には号名が付され、通常は「一、二、三…」という漢数字で列記される。1つの号の中でさらに細かくいくつかの列記事項を設ける必要がある場合には、「イ、ロ、ハ…」が用いられる。以

降、さらに細分して列記するときには、細分化のレベル順に「(1)、(2)、(3)、…」や「(i)、(ii)、(iii)、…」が用いられる。号名については、号の挿入などの際に条名と同様に枝番号の使用が認められる（例えば、地方公務員法３条３項１号の２）。

　また、号の列記の前に書かれている部分、例えば「次の者は〜とする。」などのように述べている部分を俗に「柱書（はしらがき）」と呼ぶが、法令用語としては「各号列記以外の部分」と呼ぶ。列記されるものは名詞ないし体言止めが基本である。

（条文の例）

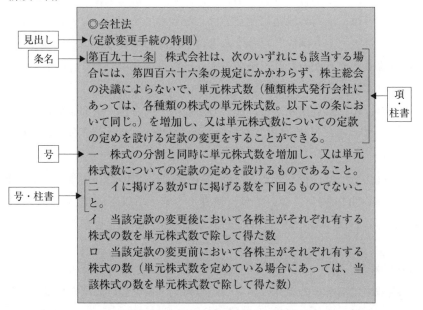

　なお、条名、項名、号名の呼び方は、数字の「１、２…」ではなく、「第○条第○項第○号」というように呼ぶことに注意しよう。

3. 条文の構造と特徴

　法律学を学ぶには、「まず条文を読め」と金科玉条のようによくいわれる。条文の構造およびその特徴を理解していれば、条文の骨格を把握するのが容易になり、条文がわかりやすくなる。

（1）条文の構造

　1－1　前段・後段　条または項の中が、句点（「。」）で区切られた数個の文で構成されることがある。この場合、前の文を「前段」、後ろの文を「後段」と呼ぶ。3つの文で構成されているときは、前から「前段」「中段」「後段」と呼ぶ。4つの文で構成されているときは、前から「第1段」「第2段」「第3段」「第4段」と呼ぶ。もっとも、句点で区切られず、前段、後段の使い分けがなされることがある。例えば、刑法240条において、強盗致傷罪は240条前段、強盗致死罪は240条後段と表現されている。

　1－2　本文・ただし書　条または項の中が、「ただし」（「但し」と表記されている場合もある）によって2つの文に分かれていることがある。この場合は、前の文を「本文」、後ろの文を「ただし書」と呼ぶ。これは、同一の規定内で原則・例外という関係に立つ場合に用いられる。すなわち、本文は原則を、ただし書は例外を示している。

（本文・ただし書の例①）

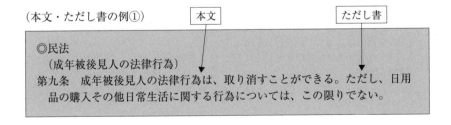

本文　　　　ただし書

◎民法
　（成年被後見人の法律行為）
　第九条　成年被後見人の法律行為は、取り消すことができる。ただし、日用品の購入その他日常生活に関する行為については、この限りでない。

もっとも、ただし書は例外を定める場合だけではなく、以下の例②のように、本文で述べる内容を補足する場合に使われることもある。

（本文・ただし書の例②）

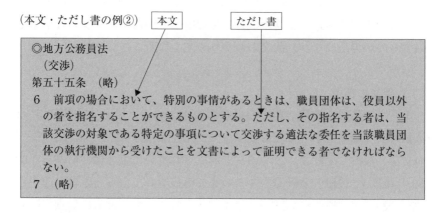

本文　　ただし書

◎地方公務員法
　（交渉）
第五十五条　（略）
6　前項の場合において、特別の事情があるときは、職員団体は、役員以外の者を指名することができるものとする。ただし、その指名する者は、当該交渉の対象である特定の事項について交渉する適法な委任を当該職員団体の執行機関から受けたことを文書によって証明できる者でなければならない。
7　（略）

（2）条文の特徴

　法令の条文については、主に以下の３つの特徴があげられる。

　2－1　主語・述語・目的語が明確に置かれている　この点は、法文以外の多くの文章でも同じである。法文は規範を定めたものであるため、主語と述語は必須となるが、目的語がないこともある。条文の骨格を把握するには、まず主語・述語・目的語を押さえることが大切である。

（主語・述語・目的語の例）

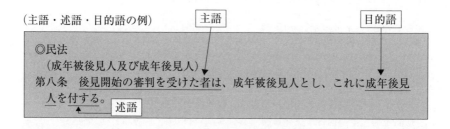

主語　　　　　　　　目的語

◎民法
　（成年被後見人及び成年後見人）
第八条　後見開始の審判を受けた者は、成年被後見人とし、これに成年後見人を付する。　　述語

　もっとも、以下の条文のように、例外的に主語が置かれていないことがある。この場合は、主語がなくても条文の意味は理解できるのが普通である。

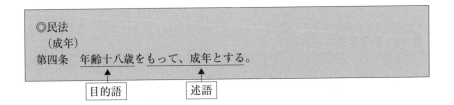

◎民法
　（成年）
第四条　年齢十八歳をもって、成年とする。

目的語　　　　　　述語

　２－２　法律要件と法律効果が簡潔に記述されている　法律要件とは、その法律効果を発生させるために必要とされる「条件」のことで、法律効果とは、法律で定められた権利や義務が発生したり消滅したりする結果のことである。多くの条文は、「〜の場合には、〜できる。」というように、法律要件と法律効果からなっている。

　法律要件と法律効果に関係のない無用な記述は、法令の解釈に疑義を生じさせる要因となるので一切書かれていない。逆にいえば、条文に書かれている言葉は、すべて何らかの意味をもっている。

（法律要件と法律効果の例）

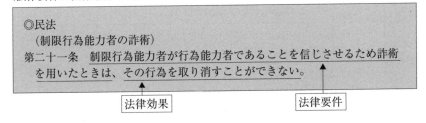

◎民法
　（制限行為能力者の詐術）
第二十一条　制限行為能力者が行為能力者であることを信じさせるため詐術を用いたときは、その行為を取り消すことができない。

法律効果　　　　　　　　法律要件

2－3　条文はパターン化されている　条文の文章は極めてパターン化されており、その数はせいぜい30程度といわれている[6]。**表5-2**は、その一部を例示する。これらのパターンを習得すれば、条文の理解は容易となる。

表5-2　条文の主なパターン

	条文のパターン	説明
1	この法律は、……を目的とする。	目的規定
2	……とは、……をいう。	定義規定
3	……は、……することができる。／することができない。	権利・能力・権限等
4	……は、……しなければならない。	作為義務
5	……は、……するものとする。	義務・物事の原則等
6	……は、……するよう努めなければならない。	努力義務
7	……は、……してはならない（であってはならない、となってはならない）。	禁止規定
8	……の規定は、適用する。／適用しない。	適用規定
9	……者は、……に処する。	罰則規定
10	ただし、……この限りでない（妨げない）。	ただし書
11	……の場合において、……。……ときは、……。……に限り、……。	法律要件
12	……の規定は、……について準用する。この場合において……とあるのは、……と……読み替えるものとする。	準用規定
13	……法の適用については、……を……とみなす。	擬制規定

詳細については第7章「法令用語Ⅱ」参照。

6）長野・前掲注(3) 19頁。

【学習のヒント】

1．法令の基本構造はどうなっているか、うち、実質の規定を構成するのはどの部分なのか。

2．法令の条と条文は通常どのような構造になっているか。条文構造上の特徴は何か。

参考文献

参議院法制局「法律の［窓］」（https：//houseikyoku.sangiin.go.jp/column/index.htm　最終アクセス日：2022/06/19）

長野秀幸『法令読解の基礎知識〔第1次改訂版〕』（学陽書房・2014）

武藤眞朗＝多田英明＝宮木康博『法を学ぶパートナー〔第4版〕』（成文堂・2020）

6 | 法令用語 I

《目標&ポイント》 本章においては、条文上の接続詞、混同しやすい法令用語を条文例に照らしながら確認し、法令用語の意味や用法を正しく理解する。
《キーワード》 法令用語、語句、選択的接続詞、併合的接続詞、同音異義語、類義語

---

1. 法令用語の意義

「用語」とは、特定の分野で使われる語句や言葉をいい、概ね専門用語や学術用語を指すことが多い。どの分野にもその分野のみで使われる専門用語があるが、法令の条文において用いられる専門用語を「法令用語」という。法令用語は、立法技術的な意味を有し、法令の正確性・厳密性を確保する上で重要な役割を果たしている。なお、法令用語は、判決文、契約書、合意書、社内規程等を作成するときにもよく使用されている。

法令用語は、日常でも多く使われている。中には、日常用語としてほぼ同義あるいは曖昧に使われているものが、法令では厳密に使い分けられている場合がある。また、日頃はあまり使われなくても、法令では頻出する用語もある。さらには、同音異義語が多く存在し、意味が全く違ってくる用語もある。そのため、法令用語の意味や用法を正しく理解していないと、条文の解釈や適用に際し思わぬ間違いをすることにもなり

かねない。このような誤りを少なくするためには、法令用語の基礎知識を習得することが必要不可欠である。

　そこで、第6章と第7章では、法令用語のうち、頻出するもの、混同しやすいものを取り上げて、法令用語の構造、意義、日常用語との違い、注意すべき点について説明する。本章においては、まず、法令用語の接続詞、混同しやすい法令用語について、条文に照らしながら解説する。

2.　接続詞

　語句と語句を結び付ける接続詞である「又は」「若しくは」、「及び」「並びに」は、日常では区別なく使われているが、法令用語としては厳密に使い分けられている。これらの接続詞は、法令文では漢字書きとされ、法令用語の中でも最も基本的なものである。これらの接続詞の使い方をしっかり習得しておけば、一見複雑に見える条文の構造を容易に理解することができる。

（1）選択的接続詞―「又は」「若しくは」

　「又は」と「若しくは」は、どちらも複数の語句を選択的に結び付ける場合に用いられる選択的接続詞であり、英語の「or」に相当する。

　1－1　1段階の選択―「又は」　選択的に段階なく並列された語句を接続する場合には、「又は」だけが用いられる。選択語句が2個のときは、「A又はB」というように「又は」で結び、選択語句が3個以上のときは、「A、B又はC」、「A、B、C又はD」というように最後の1個の語句を「又は」で結び、それより前の語句は読点で結ぶ。

　例えば、「公の秩序又は善良の風俗」（憲法82条2項）や、「政治的、経済的又は社会的関係」（憲法14条1項）のように書く。

1－2　2段階の選択―「又は」「若しくは」　選択的接続が2段階に
なる場合には、大きい接続には「又は」が、小さい接続には「若しくは」
が用いられる。つまり、「Ａ、Ｂ」という段階と「Ｃ」という段階、あ
るいは「Ａ、Ｂ、Ｃ」という段階と「Ｄ」という段階を対比させる場合
には、「Ａ若しくはＢ又はＣ」、「Ａ、Ｂ若しくはＣ又はＤ」となる。例
えば、

◎民法
（期間の計算の通則）※例①
第百三十八条　期間の計算方法は、法令若しくは裁判上の命令に特別の定め
がある場合又は法律行為に別段の定めがある場合を除き、この章の規定に
従う。

（条件の成否未定の間における権利の処分等）※例②
第百二十九条　条件の成否が未定である間における当事者の権利義務は、一
般の規定に従い、処分し、相続し、若しくは保存し、又はそのために担保
を供することができる。

（※例②図解）

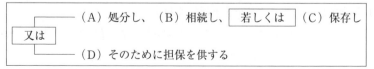

1－3　3段階の選択―「又は」「大若し」「小若し」　選択的段階が
さらに複雑になって2段階以上も続く場合には、「Ａ若しくはＢ若しく
はＣ又はＤ若しくはＥ」というように、一番上の段階の接続のところだ
けに「又は」を使い、それ以下の段階の接続には、いくつ段階があって
も、すべて「若しくは」を使う。この場合の「若しくは」の使い分けを

「大若し」「小若し」と呼ぶ。例えば、

> ◎民法
> （解除権者の故意による目的物の損傷等による解除権の消滅）
> 第五百四十八条　解除権を有する者が故意若しくは過失によって契約の目的
> 物を著しく損傷し、若しくは返還することができなくなったとき、又は加
> 工若しくは改造によってこれを他の種類の物に変えたときは、解除権は、
> 消滅する。(略)

（図解）

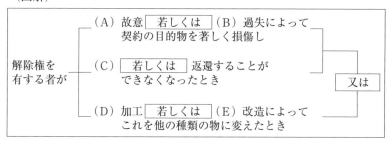

（2）併合的接続詞―「及び」「並びに」

「及び」と「並びに」は、どちらも複数の語句を併合的に結び付ける
場合に用いられる併合的接続詞であり、英語の「and」に相当する。

2−1　1段階の併合―「及び」　複数の語句を段階なく併合的に並
べる場合には、「及び」だけが用いられる。併合語句が2個のときは、
「A及びB」というように「及び」で結び、併合語句が3個以上のとき
は、「A、B及びC」、「A、B、C及びD」というように最後の1個の
語句を「及び」で結び、それより前の語句は読点で結ぶ。この点は選択
的接続詞「又は」と共通している。

例えば、「天然果実及び法定果実」（民法88条）、「境界標、囲障、障壁、

溝及び堀」（民法229条）のように書く。

2－2　2段階以上の併合—「及び」「並びに」　併合的接続が2段階になる場合には、大きい接続には「並びに」が、小さい接続には「及び」が用いられる。つまり、「A及びB並びにC」の場合は、AとBが接続し、これとCが接続する。「A及びB並びにC及びD」の場合は、AとBが接続し、CとDが接続し、さらにこれらが接続する。例えば、

> ◎憲法　※例①
> 第六十二条　両議院は、各々国政に関する調査を行ひ、これに関して、証人の出頭及び証言並びに記録の提出を要求することができる。
>
> ◎民法　※例②
> （不動産賃貸の先取特権の被担保債権の範囲）
> 第三百十五条　賃借人の財産のすべてを清算する場合には、賃貸人の先取特権は、前期、当期及び次期の賃料その他の債務並びに前期及び当期に生じた損害の賠償債務についてのみ存在する。

（※例②図解）

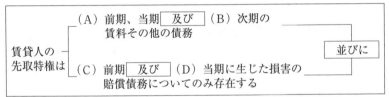

2－3　3段階以上の併合—「及び」「小並び」「大並び」　併合的接続がさらに複雑で3段階以上も続く場合には、「A及びB並びにC並びにD」というように、一番下の段階の接続のところだけに「及び」を使い、それ以上の段階の接続には、いくつ段階があっても、すべて「並びに」を使う。この場合の「並びに」の使い分けを「小並び」「大並び」と呼ぶ。例えば、

◎民法　附則（平成11年12月8日法律第149号）
（禁治産及び準禁治産の宣告等に関する経過措置）
第三条　旧法の規定による禁治産の宣告は新法の規定による後見開始の審判
　　と、当該禁治産の宣告を受けた禁治産者並びにその後見人及び後見監督人
　　は当該後見開始の審判を受けた成年被後見人並びにその成年後見人及び成
　　年後見監督人とみなす。
　　　（略）

（図解）

（A）当該禁治産の宣告を受けた禁治産者 ─────┐
　　　　　　　　　　　　　　　　　　　　　　　├─ 並びに
（B）その後見人 ［及び］（C）後見監督人 ───┘

（D）当該後見開始の審判を受けた成年被後見人 ──┐
　　　　　　　　　　　　　　　　　　　　　　　├─ 並びに
（E）その成年後見人 ［及び］（F）成年後見監督人 ┘

　2−4　「及び」「並びに」と「又は」「若しくは」との関係　「及び」
と「並びに」は、「又は」と「若しくは」の関係に似ている。すなわち、
条文中に「並びに」が使われるときは必ず「及び」が使われ、条文中に
「若しくは」が使われるときは必ず「又は」が使われている。しかし、
選択的接続詞では、複数の段階で用いられる「又は」が常に最上位にあ
るのに対し、併合的接続詞では、複数の段階で用いられる「及び」が常
に最下位にあるという点に相違がある。
　なお、「又は」と「及び」の両方の意味を与えようとする場合には、
「A及びB」と書くか、「A又はB」と書くかという問題がある。この場
合は、かつて結局語感によって決めるほかないと解されていたが、現在
の立法例では、この場合には、原則として、「又は」を用いることにな

っている。例えば、生命保険契約の締結時の告知義務者は、「保険契約者又は被保険者になる者」とされている（保険法37条）など。

2－5　「及び」「並びに」と「かつ」との関係　「かつ」は、「及び」「並びに」と同様に併合的接続詞であるが、「かつ」は条件に絞り込みをかける際に用いられる。つまり、「かつ」で接続される語句の前後の条件がいずれも満たされなければならない。なお、「かつ」の前後に読点を付ける。例えば、

> ◎民法
> 　（所有権の取得時効）
> 第百六十二条　二十年間、所有の意思をもって、平穏に、かつ、公然と他人の物を占有した者は、その所有権を取得する。
> 2　十年間、所有の意思をもって、平穏に、かつ、公然と他人の物を占有した者は、その占有の開始の時に、善意であり、かつ、過失がなかったときは、その所有権を取得する。

3.　混同しやすい法令用語

　以下において、取り上げている法令用語は一見似ているものの、意味が異なり混同しやすいものである。日常ではその違いをあまり意識することなく使い、あるいは見落としてしまいがちである。しかし、その違いは、法令の領域においては、法律効果をもたらす上で決定的に重要となることがある。

（1）数量等の基準を表す用語

1－1　「以上」と「超える」、「以下」と「未満」　いずれも、数量の基準を表す場合に用いられる。すなわち、ある一定の数量を基準とし

て、それより数量が多いとか、少ないかということを表す法令用語である。

「以上」は、基準となる数量を含んでそれよりも多い数量を表す。例えば、「10万円以上の金額」といえば、10万円を含んでそれよりも大きい金額を意味する。これに対し、「超える」（「超過」）は、基準となる数量を含まずにその基準よりも多い数量を表す。例えば、「10万円を超える金額」といえば、10万円を含まず、それよりも大きい金額を意味する。

「以下」は、基準となる数量を含んでそれよりも少ない数量を表す。例えば、「10万円以下の金額」といえば、10万円を含んでそれよりも小さい金額を意味する。これに対し、「未満」（「満たない」）は、基準となる数量を含まずにその基準に達していない数量を表す。例えば、「10万円未満の金額」といえば、10万円を含まず、それよりも小さい金額を意味する。

1－2　「以前」と「前」、「以後」と「後」　いずれも、時間の基準を表す場合に用いられる。すなわち、ある一定の時点を基準として、時間的前後関係を表す法令用語である。

「以前」は、基準となる時点を含んでそれより前への時間的間隔または時間の継続を表す。例えば、「令和4年4月1日以前」といえば、4月1日を含んでそれより前への時間的広がりを意味する。

これに対し、「前」は、基準となる時点を含まずにそれより前への時間的間隔または時間の継続を表す。例えば、「令和4年4月1日前」といえば、4月1日を含まず、それより前への時間的広がりを意味する。つまり、「4月1日前」＝「3月31日以前」である。

「以後」は、基準となる時点を含んでそれより後への時間的間隔または時間の継続を表す。例えば、「令和4年4月1日以後」といえば、4月1日を含んでそれより後への時間的広がりを意味する。

　これに対し、「後」は、基準となる時点を含まずにそれより後への時間的間隔または時間の継続を表す。例えば、「令和４年４月１日後」といえば、４月１日を含まずに、それより後への時間的広がりを意味する。つまり、「４月１日後」=「４月２日以後」である。

　なお、「以降」と「以後」は類義語であり、「以降」も基準時点を含む。しかし、「以降」は、一定時点から後の時間的連続を表すニュアンスを強くもっている。例えば、「平成29年分以降の源泉所得の範囲」など。これに対し、「以後」は、その時に重点を置き、それから後を強調している。例えば、「貸主は、借主が金銭その他の物を受け取った日以後の利息を請求することができる。」など。

（2）「時」「とき」「場合」

　２－１　「時」と「とき」　まず、「時」（とき）と「とき」の区別である。会話の中では、「時」と「とき」は発音が同じであるため、区別がつかない。しかし、法令用語として表記される場合には、両者の意味は全く異なる。

　「時」は、文字どおり時点や時刻を表す場合に用いられる。例えば、「意思表示は、その通知が相手方に到達した<u>時</u>からその効力を生ずる。」（民法97条１項）。

　これに対し、「とき」は、仮定的な条件を表す場合に用いられる。例えば、「不在者の生死が七年間明らかでない<u>とき</u>は、家庭裁判所は、利害関係人の請求により、失踪の宣告をすることができる。」（民法30条１項）など。なお、「時」は、仮定条件には使用されない。

　２－２　「とき」と「場合」　次に、「場合」と「とき」の区別である。

　「場合」も「とき」も、仮定的条件を表す場合に使われる。しかし、どちらを使うかについて明確な基準がなく、その時々の語感によって使

われる。もっとも、同じ条文で「場合」と「とき」の両者が重ねて用いられる場合には、大きな仮定的条件を「場合」、小さな仮定的条件を「とき」で示すのが通例である。例えば、

> ◎民法
> （任意規定と異なる慣習）
> 第九十二条　法令中の公の秩序に関しない規定と異なる慣習がある場合において、法律行為の当事者がその慣習による意思を有しているものと認められる<u>とき</u>は、その慣習に従う。

（3）「者」「物」「もの」

「者」「物」「もの」は、いずれも「もの」と読まれるが、法令上はそれぞれ違った意味で使われている。

３−１　「者」　法律上の人格（権利義務の主体となることができる法律上の資格）を有するもの、すなわち、自然人や法人を指す場合に用いられる。したがって、人格のない社団・財団は原則として含まれない。例えば、

> ◎民法
> （住所）
> 第二十二条　各人の生活の本拠をその<u>者</u>の住所とする。

３−２　「物」　行為や権利の客体である有体物や物質を表す場合に用いられる。形のないものは含まれない。例えば、

> ◎民法
> （不動産及び動産）
> 第八十六条　土地及びその定着物は、不動産とする。
> 2　不動産以外の<u>物</u>は、すべて動産とする。

　もっとも、法律によっては「物」に有体物以外を含めている例がある。有名なものでは刑法245条「この章の罪については、電気は、財物とみなす。」等がある。

　3－3　「もの」「者」または「物」以外の対象や抽象的な対象を指す場合に用いられる。具体的には、大きく次の3パターンがある。

　①人格のない社団・財団と人格のある自然人、法人の双方を含んでいる場合や、人格のない社団・財団だけであることを表す場合。例えば、

> ◎漁業主権法
> （定義）
> 第二条　（略）
> 4　この法律において「外国人」とは、次に掲げるものをいう。
> 一　日本の国籍を有しない<u>者</u>。ただし、適法に我が国に在留する者で農林水
> 　産大臣の指定する<u>もの</u>を除く。
> 二　外国、外国の公共団体若しくはこれに準ずる<u>もの</u>又は外国法に基づいて
> 　設立された法人その他の団体

　→上記第一号では自然人のことを指すが、第二号では法人格のない「団体」を含むことがあるため、これらを合わせて指す「外国人」として、「もの」が使われている。

　②抽象的なものを指す場合や、抽象的なものと物とを両方指す場合。例えば、

◎文化財保護法
（文化財の定義）
第二条　この法律で「文化財」とは、次に掲げる<u>もの</u>をいう。
一　建造物、絵画、彫刻、工芸品、書跡、典籍、古文書その他の有形の文化
　的所産で我が国にとつて歴史上又は芸術上価値の高い<u>もの</u>（これらの<u>もの</u>
　と一体をなしてその価値を形成している土地その他の物件を含む。）並び
　に考古資料及びその他の学術上価値の高い歴史資料（以下「有形文化財」
　という。）
二　演劇、音楽、工芸技術その他の無形の文化的所産で我が国にとつて歴史
　上又は芸術上価値の高い<u>もの</u>（以下「無形文化財」という。）
　　　（略）

　→上記第一号は「有形文化財」であるが、第二号は「無形文化財」で
あるので、これらを合わせて指す「文化財」として、「もの」が使われ
ている。

　③ある「者」または「物」にさらに条件を重ねて限定する、いわゆる
英語の関係代名詞的な用法（…で…もの）で使われる場合。例えば、
「次に掲げる者で第○条の規定に該当しない<u>もの</u>」、「破産者で、復権を
得ない<u>もの</u>」など。

（4）「その他」と「その他の」

　「その他」と「その他の」は、語句の最後に「の」が付くか否かの違
いであるが、法令用語としては使い分けられている。

　4－1　「その他」　一般にそれによって結び付けられる前後の語句が
並列関係にある場合に使われる。例えば、

> ◎民法
> （保証債務の範囲）
> 第四百四十七条　保証債務は、主たる債務に関する利息、違約金、損害賠償
> その他その債務に従たるすべてのものを包含する。
> 　　（略）

　→上記条文の「その他」の前の部分に掲げられている「主たる債務に関する利息、違約金、損害賠償」と、「その他」以下に出てくる「その債務に従たるすべてのもの」とは完全に並列関係にある。

　4－2　「その他の」　これに対して、「その他の」は、それによって結び付けられる前後の語句が部分と全体の関係にある場合に使われる。例えば、

> ◎民法
> （権利移転の対抗要件に係る売主の義務）
> 第五百六十条　売主は、買主に対し、登記、登録その他の売買の目的である
> 権利の移転についての対抗要件を備えさせる義務を負う。

　→上記条文の「その他の」の前の部分に掲げられている「登記」「登録」が「その他の」以下に出てくる「売買の目的である権利の移転」の実質的な例示となっている。つまり、部分と全体の関係にある。

（5）「直ちに」「速やかに」「遅滞なく」

　「直ちに」「速やかに」「遅滞なく」は、いずれも時間的即時性を表す語句であるが、法令用語としては、使い分けがなされている。

　「直ちに」というのは、この3つの中では、時間的即時性が最も強く、一切の遅延が許されない場合に使われる。これに対し、「遅滞な

く」は、時間的即時性が最も弱い場合に使われ、合理的な理由があれ
ば、その限りでの遅延が許されると解される。「速やかに」は、「直ち
に」と「遅滞なく」の中間的な意味で使われる。例えば、

> ◎会社法
> 　（議決権制限株式の発行数）
> 第百十五条　種類株式発行会社が公開会社である場合において、株主総会に
> 　おいて議決権を行使することができる事項について制限のある種類の株式
> 　（以下この条において「議決権制限株式」という。）の数が発行済株式の総
> 　数の二分の一を超えるに至ったときは、株式会社は、<u>直ちに</u>、議決権制限
> 　株式の数を発行済株式の総数の二分の一以下にするための必要な措置をと
> 　らなければならない。
>
> 　（設立時役員等の選任）
> 第三十八条　発起人は、出資の履行が完了した後、<u>遅滞なく</u>、設立時取締役
> 　（株式会社の設立に際して取締役となる者をいう。以下同じ。）を選任しな
> 　ければならない。
>
> ◎個人情報保護法
> 　（取得に際しての利用目的の通知等）
> 第二十一条　個人情報取扱事業者は、個人情報を取得した場合は、あらかじ
> 　めその利用目的を公表している場合を除き、<u>速やかに</u>、その利用目的を、
> 　本人に通知し、又は公表しなければならない。
> 　　（略）

　また、「直ちに」や「遅滞なく」は、これに違反した場合、不当また
は違法とされるのが通例であるのに対し、「速やかに」は、訓示的な意
味で使われる場合が多い。もっとも、これらの違反に対して罰則がある
かどうかについては一概にいえず、個々の法令を確認する必要がある。

（6）「期日」「期限」「期間」

　6－1　「期日」　ある特定の日のことをいう。例えば、「選挙を令和

108

３年10月31日に行う」、「口頭弁論を３月31日に開く」など。

　また、訴訟法上は、裁判所、当事者その他の関係人が一定の場所に会合して訴訟行為をする時間を意味する。例えば、口頭弁論期日、公判期日など。期日（例えば、４月１日）の前後の日は、かかる期日には含まれない。このため、契約の権利義務に期日が指定されている場合は、その前後の日付では、権利の行使や義務の履行はできない。

　６−２　「期限」　ある時点までのことをいう。ある「時点」とは、期日とは違って、必ずしも「日」でなくてもよく、「時刻」などで指定することもできる。例えば、「３月31日まで」や「３月31日正午まで」のように記載する。

　期限には法律行為の効力等の始期に係るものと終期に係るものがあり（民法135条）、また、その到来の時期が確定しているかどうかで確定期限と不確定期限に分かれる。確定期限は、必ず到来する事実であり、到来する時点が確定しているものである。例えば、「３月31日正午まで」や、「本契約締結後10日以内」のように、日付で規定するものは、確定期限である。これに対し、不確定期限は、必ず到来する事実であるが、到来する時点が確定していないものである。例えば、「Aが死亡する日まで」など。なお、必ずしも到来するとは限らないことは、不確定期限ではなく、「条件」となる。

　「期日」と「期限」という関係は、その定め方によっては紛らわしいことも起こる。例えば、ある法律で、「令和○○年３月31日に効力を失う」と定められている場合は、その法律の失効の期日を定めたと解することができれば、その日までは効力をもつということであるから、有効の期限（終期）を定めたと解することもできると思われる。

　６−３　「期間」　ある２つの時点の時間的間隔のことをいう。例えば、ある法律が公布の日から起算して５年間効力をもつということは、

その法律の有効期間は5年間だということを定めたことになる。

　期間と期限の違いは、期間には始期と終期のどちらもあるのに対し、期限については終期しかないという点である。もっとも、期間と期限についても、その定め方によっては若干紛らわしい点がある。例えば、所得税の確定申告書類は、毎年3月15日までに税務署に提出しなければならないとするので、申告書類の提出期限が定められているわけである。しかし、仮に同じことについて、毎年2月16日から3月15日までの間に税務署に提出しなければならないとしていれば、それは申告書の提出期間を定めることになる。

【学習のヒント】

1．法令用語の特徴は何であるか考えてみよう。
2．混同しやすい法令用語を3つあげて、かかる条文例に照らしながらその相違を確認してみよう。

参考文献

参議院法制局「法律の『窓』」（https：//houseikyoku.sangiin.go.jp/column/index.htm　最終アクセス日：2022/06/19）

髙橋明弘『法学への招待〜社会生活と法〜〔第2版〕』（法律文化社・2020）

髙橋雅夫編著『Next 教科書シリーズ法学〔第3版〕』（弘文堂・2020）

長野秀幸『法令読解の基礎知識〔第1次改訂版〕』（学陽書房・2014）

林修三『法令用語の常識』（日本評論社・1958）

武藤眞朗＝多田英明＝宮木康博『法を学ぶパートナー〔第4版〕』（成文堂・2020）

7 | 法令用語Ⅱ

《**目標＆ポイント**》 本章においては、法令用語の基礎知識として、条文など
に頻出する述語を条文例に照らしながらしっかりと理解するとともに、日常
用語とは意味が異なる法令用語、難読の法令用語も習得する。
《**キーワード**》 述語の語尾、ニュアンス、同訓異字

----

1. 頻出する述語

　文章の骨格を把握するためには、まず主語と述語を押さえることが大事
であるとよくいわれる。法令文も例外ではない。それに、法令文の述語の
語尾には、微妙なニュアンスをもった法令用語が使われていることがある。

(1)「する」「とする」「しなければならない」「するものとする」

　1－1 「する」 この動詞の終止形は、法規範の内容を創設的に宣言
する場合に用いられる。肯定形（する）の場合も否定形（しない）の場
合もある。例えば、

> ◎民法
> 　（嫡出子の身分の取得）
> 第八百九条　養子は、縁組の日から、養親の嫡出子の身分を取得<u>する</u>。
>
> 　（認知能力）
> 第七百八十条　認知をするには、父又は母が未成年者又は成年被後見人であ
> 　るときであっても、その法定代理人の同意を要<u>しない</u>。

1-2　「とする」　「である」と似ているが、「である」が単なる事実の説明にとどまるのに対し、「とする」は、法令上創設的であると同時に拘束的な意味が若干強い。例えば、

◎男女雇用機会均等法
（目的）
第一条　この法律は、法の下の平等を保障する日本国憲法の理念にのっとり雇用の分野における男女の均等な機会及び待遇の確保を図るとともに、女性労働者の就業に関して妊娠中及び出産後の健康の確保を図る等の措置を推進することを目的<u>とする</u>。

1-3　「しなければならない」　一定の行為をすることを義務付け（作為義務）、それをするかしないかの裁量の余地を与えない場合に用いられる。例えば、

◎男女雇用機会均等法
（妊娠中及び出産後の健康管理に関する措置）
第十二条　事業主は、厚生労働省令で定めるところにより、その雇用する女性労働者が母子保健法（昭和四十年法律第百四十一号）の規定による保健指導又は健康診査を受けるために必要な時間を確保することができるように<u>しなければならない</u>。

1-4　「するものとする」「…ものとする」　法令上、相当頻繁に出てくる用語である。しかし、その用法は、必ずしも一様でなく、次のような異なるニュアンスをもっている場合がある。

　第1に、物事の原則や建前を表す場合。例外を許容する規定がない限り、例外を認める趣旨ではない。例えば、

> ◎民法
> （子の利益のための特別の必要性）
> 第八百十七条の七　特別養子縁組は、父母による養子となる者の監護が著しく困難又は不適当であることその他特別の事情がある場合において、子の利益のため特に必要があると認めるときに、これを成立させる<u>ものとする</u>。

　第2に、一定の行為を義務付ける場合。もっとも、「しなければならない」ほど拘束力は強くなく、やや緩和的なニュアンスをもっている。つまり、場合によっては、合理的な理由があれば、これに従わないことも許されるということが考えられる。例えば、

> ◎労働組合法
> （委員の失職及び罷免）
> 第十九条の七　（略）
> 4　内閣総理大臣は、公益委員のうち六人が既に属している政党に新たに属するに至った公益委員を直ちに罷免する<u>ものとする</u>。

　第3に、解釈上の疑義を避ける目的の場合。解釈上あるいは論理上当然のことであるが、法令文の理解を容易にさせ、念のために規定を設けるというような趣旨で、よく「…の規定は、…について適用があるものとする」というような形で用いられている。例えば、

> ◎労働組合法
> （目的）
> 第一条　（略）
> 2　刑法（・・・）第三十五条の規定は、労働組合の団体交渉その他の行為であって前項に掲げる目的を達成するためにした正当なものについて<u>適用があるものとする</u>。但し、いかなる場合においても、暴力の行使は、労働組合の正当な行為と解釈されてはならない。

　第4に、読替規定に用いられる場合。よく「第○条中『××』とあるのは『△△』と読み換えるものとする」というように、ある事項に関する規定を他の類似する事項について当てはめる、いわゆる準用規定における読替規定において用いられる。例えば、

◎男女雇用機会均等法
　（妊娠中及び出産後の健康管理に関する措置）
第十三条　（略）
3　第四条第四項及び第五項の規定は、指針の策定及び変更について準用する。この場合において、同条第四項中「聴くほか、都道府県知事の意見を求める」<u>とあるのは、「聴く」</u>と読み替えるものとする。

（2）「推定する」「みなす」

　2－1　「推定する」　ある事実について当事者間に別段の取決めがない場合または反証（反対の証拠）があげられない場合に、法令の取扱い上、事実を一応決めておくときに用いられる。それが本当の事実と異なる場合には、反証をあげられれば、すなわち、法の推定と異なることが立証できれば、その推定を覆すことができる。

　法律問題を解決する上で、必要とされる重要な事実を認定するには、手続の煩雑さなど、困難を伴う場合がある。そして、すべてを証拠によって証明しなければならないとするのも大変である。そこで、法律関係や事実が明瞭でない場合、予測される事態を前提に一応の事実を推測して法令上の取扱いを決めようとする規定方法がある。その際に用いられるのが「推定する」である。しかし、あくまでも「推定する」のであるから、後に本当の事実とは異なることを証明できれば、かかる法的効果は失われる。例えば、

114

> ◎民法
> 　（嫡出の推定）
> 第七百七十二条　妻が婚姻中に懐胎した子は、夫の子と推定する。
> 　　（略）

2−2　「みなす」（「看做す」）　これに対し、「みなす」は、法令を適用する際に、別の事項を同じ事柄（擬制事実）として取り扱う場合に用いられる。すなわち、立法政策上の見地から、ある事物（A）を、本来的にはそれと性質を異にする他の事物（B）と、一定の法律関係において同一視し、当該他の事物（B）について生じる法律効果を、その事物（A）について生じさせる、いわゆる法律上の擬制である。例えば、

> ◎民法
> 　（相続に関する胎児の権利能力）
> 第八百八十六条　胎児は、相続については、既に生まれたものとみなす。
> 　　（略）

「みなす」は、「推定する」と異なり、反証をあげても擬制事実を覆すことは認められない。つまり、法的効果に変化は生じないからである。

（3）「準用する」「例による」「適用する」

3−1　「準用する」　ある事項について定められている規定を、類似する他の事項に関する規定を借りてきて、必要な修正をした上で適用する場合に用いられる。例えば、

> ◎民法
> （協議上の離婚の規定の準用）
> 第七百七十一条　第七百六十六条から第七百六十九条までの規定は、裁判上の離婚について<u>準用する</u>。

3−2　「例による」　ある事項について定められている規定を、類似する他の事項に関する制度を包括的に借りてきて、その制度によるのと同じように取り扱う場合に用いられる。なお、「例による」は、「なお従前の例による」という形で、法令の附則の経過措置の規定で使われる場合が数多くみられる。例えば、

> ◎民法　　附則（昭和54年12月20日法律第68号）
> （罰則に関する経過措置）
> 第四条　この法律の施行前にした行為及び前条の規定により従前の<u>例による</u>こととされる事項に係るこの法律の施行後にした行為に対する罰則の適用については、なお従前の<u>例による</u>。

　「準用する」も「例による」も、類似する事項について同様な規定を設けることの煩雑さを避けて簡潔化するためである。「準用する」が、他の事項に関する個々の規定を引いてきて、これを他の事項に借用するものであるのに対して、「例による」の場合は1つの制度を全体として借用するのが通例である点に、その違いがある。もっとも、「例による」は、個別的な規定を引用してこれと同様の取扱いをする場合に使われるとき、「準用する」と同じ意味になる。

3−3　「適用する」　「準用する」と類似した用語として「適用する」というものもある。もっとも、「適用する」は、かかる規定を、特定の人、特定の地域、特定の事項などについて当てはめて働かせる場合

116

に用いられる点で「準用する」と異なる。例えば、

> ◎民法　附則（平成30年7月13日法律第72号）
> （遺産の分割前における預貯金債権の行使に関する経過措置）
> 第五条　新民法第九百九条の二の規定は、施行日前に開始した相続に関し、施行日以後に預貯金債権が行使されるときにも、適用する。
> 　　　（略）

（4）「改正する」と「改める」

「改正する」と「改める」は、ともに変更を加えるという意味がある。しかし、法令の上では、用法を異にして使われている。

「改正する」は、ある法令を改正する場合に、その法令全体を捉えて、その全部または一部を改めるという場合に用いられる。これに対し、「改める」は、その法令の中の個々の条項を修正するという場合に用いられる。かかる文章は、俗称で「改め文」という。『第〇条中「△△△」を「×××」に改める。』というような形で使われている。

以下は、「改正する」と「改める」の使い分け例である。

> ◎雇用保険法等の一部を改正する法律
> 第十九条第一項第一号中「とき。」を「とき」に改め、同項第二号中「除く。）。」を「除く。）」に改め、同項第三号中「とき。」を「とき」に改める。

「改め文」は、「溶け込み方式」とも呼ばれる。一部改正法の規定が元の法律の規定に溶け込むことによって初めて新しい規範としての意味をもつことになるため、元の法律と対比して読まない限り、改正の内容を正確に理解することはできないことに注意しよう。

（5）「この限りでない」と「妨げない」

5－1　「この限りでない」　前に出てくる規定の全部または一部の適用を、特定の場合に除外する場合に用いられる。通例、「ただし、……の場合については、この限りでない。」というように、ただし書の語尾として使われる。例えば、

> ◎民法
> （成年被後見人の法律行為）
> 　第九条　成年被後見人の法律行為は、取り消すことができる。ただし、日用品の購入その他日常生活に関する行為については、この限りでない。

5－2　「妨げない」　ある事項について一定の規定の適用があるかどうかが不明確なため、当該規定の適用が排除されない場合に用いられる。また、「この限りでない」と同様に、消極的にある規定なり制度なりの適用があってもよいということを言っているだけで、積極的に必ずその規定または制度をその場合に適用するという強い意味まではもたない。

　なお、「妨げない」も「この限りでない」と同様に、ただし書の語尾として使われることが多いが、それ以外で使われる場合もある。例えば、

> ◎民法
> （正当防衛及び緊急避難）
> 第七百二十条　他人の不法行為に対し、自己又は第三者の権利又は法律上保護される利益を防衛するため、やむを得ず加害行為をした者は、損害賠償の責任を負わない。ただし、被害者から不法行為をした者に対する損害賠償の請求を妨げない。
> 　　（略）
>
> （賃貸借の解除の効力）
> 第六百二十条　賃貸借の解除をした場合には、その解除は、将来に向かってのみその効力を生ずる。この場合においては、損害賠償の請求を妨げない。

118

（6）「課する」と「科する」

　法令文上では、「課する」という言葉と、「科する」という言葉が併用されている。しかし、この２つの同訓異字は法令用語として、明確に使い分けられている。

　６－１　「課する」　国、地方公共団体などが、国民または住民に対し、公権力をもって、租税その他の義務や負担を割り当てることを表す場合に用いられる。例えば、

◎所得税法
　（所得税額の計算の順序）
第二十一条　居住者に対して課する所得税の額は、次に定める順序により計算する。
　　（略）

　６－２　「科する」　法に基づいて刑罰、過料または懲罰を人に負わせることを表す場合に用いられる。

◎刑法
　（教唆）
第六十一条　人を教唆して犯罪を実行させた者には、正犯の刑を科する。
　　（略）

　もっとも、刑罰法規で、具体的に一定の罪となるべき行為についての法定刑を定める場合は、「科する」ではなく、「処する」が用いられる。例えば、

◎刑法
　（殺人）
第百九十九条　人を殺した者は、死刑又は無期若しくは五年以上の懲役に処する。

2.　日常用語と意味が異なる法令用語

　法令用語には、日常用語とは意味が異なり、また似た意味であったとしても、異なるニュアンスとして用いられるものがある。誤解しやすいため、条文等を読む際に留意しよう。

(1)「善意」と「悪意」

　まず、代表的なものとして「善意」と「悪意」の用語をあげよう。

　「善意」と「悪意」は日常的には、いわば道徳的善悪を意味する。すなわち、前者は、他人や物事に対する良い感情・見方、あるいは他人のためを思う親切な心・好意の意味であり、後者は、他人に対するいやがらせ、いじわるな気持ち、またそのような見方、あるいは人に害を与えようという心・悪気(わるぎ)の意味である。

　ところが、法令用語としての「善意」と「悪意」は、道徳的善悪とは全く関係がなく、法律関係の発生・消滅・効力に影響するようなある事実の知・不知を意味するにすぎない。つまり、前者は、ある事実を知らないで行為をすることの意味であり、後者は、ある事実を知っていながら行為をすることの意味である。例えば、

> ◎民法
> 　（虚偽表示）
> 　第九十四条　相手方と通じてした虚偽の意思表示は、無効とする。
> 　2　前項の規定による意思表示の無効は、善意の第三者に対抗することができない。
>
> 　（悪意の受益者の返還義務等）
> 　第七百四条　悪意の受益者は、その受けた利益に利息を付して返還しなければならない。この場合において、なお損害があるときは、その賠償の責任を負う。

→民法94条は、「相手方と通じて行った虚偽の意思表示は無効となるが（同条1項）、虚偽の意思表示による合意であることを知らない第三者に対しては無効を主張できない」（同条2項）というように読むことになる。ここにいう「善意の第三者」とは、善人の第三者という意味ではなく、当事者間の特定の事情を知らない第三者という意味である。

また、民法704条は、「事情を知りながら利益を受けた者は、受けた利益に利息を付して返還しなければならない。……」と読むことになる。

もっとも、民法770条1項2号「配偶者から悪意で遺棄されたとき。」や民法814条1項1号「他の一方から悪意で遺棄されたとき。」のように、「悪意」は、法令上でも例外的に「他人を害する意思」として用いられることもあるので、注意が必要である。

（2）「相当」

「相当」という言葉は、日常用語では、「相当嬉しい！」のように「かなりの程度であるさま」という意味で使われている。しかし、法令用語としての「相当」の意味は、日常用語のそれとは全く異なる。

法令用語としての「相当」とは、「合理的」「妥当な」「（社会通念に照らして）ふさわしい」という意味で用いられる。法令文においては「相当の期間」、判決文においては「…と解するのが相当である」という表現は多用されている。例えば、

◎民法

（返還の時期）

第五百九十一条　当事者が返還の時期を定めなかったときは、貸主は、<u>相当</u>の期間を定めて返還の催告をすることができる。

　　（略）

◎最判平成16年10月29日民集58巻7号1979頁

……上記の養老保険契約に基づき保険金受取人とされた相続人が取得する死亡保険金請求権又はこれを行使して取得した死亡保険金は、民法903条1項に規定する遺贈又は贈与に係る財産には当たらないと解するのが<u>相当</u>である。……

　→民法591条における「相当の期間」は、「合理的な期間」「妥当な期間」の意味であり、上記最高裁平成16年10月29日判決における「相当である」は、「合理的である」「妥当である」の意味である。

（3）「乃至」

　「乃至」は「ないし」と読む。「ないし」は、日常用語としては「あるいは」「または」といった意味で使われることが多い。しかし、法令用語としては、「乃至」と漢字書きされ、「〜から…まで」の意味で使われる。例えば、「第1条乃至第3条」と記載されている場合は、「第1条または第3条」ではなく、「第1条から第3条まで」という意味となる。

　もっとも、最近では、法律でも「第○条から第○条まで」といった表現が用いられるようになってきた。特に新たに追加された条文や、改正の機会があった条文では、「乃至」は使用されないことになった。

（4）限り

　示談書や合意書、契約書、和解調書等において、支払期日を定める場合に、「令和○○年○月○日限り、金××円を支払う。」と記載されることがある。例えば、「令和5年4月15日限り、金100万円を支払う。」と記載される。ここに「限り」と記載されているため、「4月15日に支払わなければならない」と理解し、「4月15日よりも前に支払ってはいけない」とよく誤解する人がいる。

　しかし、ここでいう「限り」とは、「～までに」という意味で、支払期限を表すものである。上記の例では、遅くとも、令和5年4月15日までにお金を支払わなければならず、その日を過ぎてしまうと履行遅滞になってしまうという意味である。したがって、4月15日より前に支払ったとしても問題はない。

（5）留保

　法令用語においては、法律関係の全部または一部の効力を残留、保持することを意味する。国際法上は、多数国間の条約で、ある当事国が特定の条項を自国には適用しないと意思表示する場合に使われる。例えば、外交関係に関するウイーン条約8条3項「接受国は、派遣国の国民でない第三国の国民についても、同様の権利を留保することができる。」

◎外交関係に関するウィーン条約
第八条
1　（略）
2　（略）
3　接受国は、派遣国の国民でない第三国の国民についても、同様の権利を留保することができる。

3.　難読の法令用語

　法令用語には、日常用語とは読み方が異なるものや難読の漢字がある。これは、明治時代に和製漢語を用いて制定された法律のなごりである。近年、法律の現代語化・平易化が進む中、新たな法律の制定または既存の法律の改正において、平仮名・口語体を採用している。しかし、漢文調の片仮名・文語体の法律はなお存在する。また、立法沿革や学説推移を確認するために、改正前の法令やかつての法律文献を読むとき、難読の法令用語に遭遇することがあろう。

　そこで、**表7-1**において、よく出てくる難読の法令用語を列挙する。法令用語として覚えておくと、後で役に立つ。

表7-1　難読法令用語例

敢テ	あえて	境界	けいかい	乃チ・即ち	すなわち
謂フ	いう	競売	けいばい	責	せめ
如何	いかん	欠缺	けんけつ	嫡出子	ちゃくしゅつし
遺言	いごん	此	この・これ	滌除	てきじょ
於テ	おいて	御璽	ぎょじ	問屋	といや、とんや
虞	おそれ	拷問	ごうもん	何人	なんぴと
瑕疵	かし	譲渡	じょうと	亦	また
且ツ	かつ	斟酌	しんしゃく	看做す	みなす
覊束行為	きそくこうい	出捐	しゅつえん	以て	もって
「……を異にする」の「異」					こと
「金△△円を分割して、毎月金××万円宛支払う。」の「宛」					ずつ

【学習のヒント】

1．頻出する法令の述語を3つあげて、かかる条文に照らしながらそのニュアンスを考えてみよう。

2．日常用語の意味と混同しやすい法令用語を3つあげてその相違を説明してみよう。

参考文献

参議院法制局「法律の『窓』」（https://houseikyoku.sangiin.go.jp/column/index.htm　最終アクセス日：2022/06/15）

髙橋明弘『法学への招待〜社会生活と法〜〔第2版〕』（法律文化社・2020）

髙橋雅夫編著『Next 教科書シリーズ法学〔第3版〕』（弘文堂・2020）

長野秀幸『法令読解の基礎知識〔第1次改訂版〕』（学陽書房・2014）

林修三『法令用語の常識』（日本評論社・1958）

武藤眞朗＝多田英明＝宮木康博『法を学ぶパートナー〔第4版〕』（成文堂・2020）

8 │ 法の効力と適用に関する諸原理等

《**目標&ポイント**》 本章においては、法の効力の及ぶ範囲、法令間の矛盾抵触を解決するための４つの原理および規定の性質を理解する。
《**キーワード**》 時間的効力、地域的効力、人的効力、所管法令優先の原理、上位法令優先の原理、特別法優先の原理、後法優越の原理、任意規定、絶対的強行規定、片面的強行規定

----

1. 法の効力

　法が実定法として制定されると、その実定法は、いつから効力を生じ、どこまで、そして誰に対してその効力を及ぼしうるかが問題となる。そこで、法の効力は、その及ぶ範囲によって、①時間的効力、②地域的効力、および③人的効力の３つに分類することができる。

（1）時間的効力
　１－１　時間的効力の意義　「時間的効力」とは、法令がいつからいつまでという一定の期間にのみ効力を有する、ということである。つまり、時間に関する法の効力範囲をいう。法令は原則として、その施行日（施行期日）から効力を生じ、その廃止日まで効力を有する。
　１－２　法令の施行　法令は、一定の手続によって制定される。しかし、制定されただけではその効力はまだ生じない。原則として制定後、公布され、かつ施行期日が到来して初めてその効力を生ずることにな

る。

　法令によっては、公布と同時に即日施行というものもあるが、公布後一定期間を経て施行されるのが通常である。これを「周知期間」という。法令の施行期日については、附則・施行法・施行令などで定めがある場合は、そこで指定された日に施行される。特別の定めがない場合、公布の日から起算して満20日を経て施行される（通則法2条）。もっとも、条例の場合は10日となる（地自法16条3項）。

　1－3　時間的効力に関する2つの原則　法令の施行に際して、以下の2つの原則がある。

　ア．法の不遡及の原則　法令は、後述する施行期間内に発生した事項にのみ適用され、施行日の前に生じた事項については、法の効力は及ばないのが原則である。これを「法の不遡及の原則」と呼ぶ。これは、法令が施行される前の事項にも遡って適用されると、関係者に不測の影響を与えることになるからである。この原則は、刑法においては、人権保障の観点から遡及処罰の禁止[1]により特に厳重に遵守されている（憲法39条）。

　一方、私法においては、関係者に不測の影響を及ぼすおそれのないことを前提として、法令が遡及して適用されると認められることがある。

　もっとも、法の不遡及の原則は、法の適用上の原則であるが、立法上の原則ではない。立法政策で必要な場合には、遡及適用的な規定を設けることができる。例えば、保険法附則における旧保険契約に関する経過措置（第3条～第6条）の規定や会社法附則第2条（経過措置の原則）はこれにあたる。

　イ．既得権不可侵の原則　旧法令に基づいて既に取得した権利は、新法令の施行によって変更または消滅することはない。これを「既得権不可侵の原則」と呼び、法の不遡及の原則の当然の帰結といえよう。もっ

---

1) 遡及処罰の禁止とは、行為後に施行された刑罰法規に遡及効を認め、施行前の行為を処罰することは禁止されるということである。

とも、この原則も立法上必要な場合は消滅し、または変更する旨を定めることができる。

1－4　法令の廃止　前述のとおり、法令は、原則として制定後、公布・施行されて初めて効力を生じ、廃止されるまでその効力は持続する。法令廃止の原因には、次のものがある。

ア．施行期間の満了　法令が施行されてから廃止されるまでの期間を「施行期間」という。法令においては、施行期間、つまり終期を特に定めず、一旦施行されれば、何らかの立法措置を講じない限り、その効力は継続するのが通例である。しかし、必要に応じて、その法令を制定するときにあらかじめ施行期間を定めることがある。これを「限時法」または「期限付立法」という。限時法においては、その定められた施行期間の満了が到来すれば、その法令を廃止する等の立法措置を講ずることなく、自動的にその効力を失うことになる。例えば、女性の職業生活における活躍の推進に関する法律（平成27年法律第64号。略称：女性活躍推進法）附則第2条第1項には、「この法律は、平成三十八年三月三十一日限り、その効力を失う。」と定められている。

イ．規律対象の消滅　法令は、規律対象の消滅により、適用される余地がなくなった場合、その効力を失う。例えば、かつて日本の統治下に置かれた朝鮮、台湾、関東州に適用されていた法令は、それらの地域が日本領土ではなくなったため、当然に廃止されたものとみなされる。

ウ．新法による旧法の廃止　「新法は、旧法を改廃する」という法格言がある。これは、旧法令の内容と異なる新法令が制定されると、その矛盾抵触する部分について、当然に、旧法令は新法令によって改廃されたことになるという意味である。

　法令を制定する実際においては、その新法令の附則に旧法令の廃止を定めることが多い。例えば、生活保護法（昭和25年法律第144号）の場

合、その附則第２項において、生活保護法（昭和21年法律17号）は廃止すると定め、旧生活保護法の廃止を明示している。また、新法令には、特に一定の法令の廃止を明示していることもある。例えば、消費者生活協同組合法103条３項において産業組合または産業組合連合会の廃止を定めている。

（2）地域的効力

２−１　地域的効力の意義　「地域的効力」とは、法令の効力は、一定の領域においてのみ効力を有する、ということである。すなわち、場所に関する法の効力範囲をいう。

ここにいう「領域」とは、一国の主権に属する区域であり、領土、領水（内水と領海）、領空から成り立っている。日本の法令は、原則として、日本の領土、領水、領空にその効力が及ぶ。また、地方自治特別法、地方自治体の条例・規則等は、領域の一部にのみ適用される。

２−２　地域的効力の例外　地域的効力の及ぶ範囲について、国際法に基づき、次の例外が認められる。

ア．公海上の船舶内、外国の領空における航空機内　国際法上の通念として、一国の法が、公海上の船舶内、外国の領空における航空機内において適用されることもある。これは、船舶、航空機は、その国家の領域の延長として取扱われているからである。

例えば、刑法１条では、刑法は「日本国外にある日本船舶又は日本航空機内において罪を犯した者についても」、「日本国内において罪を犯したすべての者」と同様に適用すると定められている。したがって、日本籍の船舶・航空機の内における犯罪は、犯人の国籍のいかんを問わず、日本国内における犯罪と同視される。

イ．大使館等の在外公館　大使館、総領事館、領事館を含む在外公館

は、外交関係に関するウィーン条約（以下、「ウィーン条約」という）
に基づく外交特権を有し、その敷地は不可侵とされ、接受国の官憲は特
命全権大使の同意なしに立ち入ることができない（ウィーン条約22条１
項）。かかる趣旨は、国を代表する外交使節団の任務の能率的な遂行を
確保するためにある。

（3）人的効力

３−１　人的効力の意義　「人的効力」とは、法令の効力がいかなる
人々に及ぶか、すなわち、人に関する法の効力範囲をいう。人的効力に
ついては、従来から次の２つの立法主義がある。

ア．属人主義　国民など一定範囲の人に着目してその者が自国にいる
か他国にいるかを問わず、法の効力が及ぶとする考え方である。換言す
れば、人は、常にその本国法の適用を受けるべきであり、一国の法は、
その国民にだけ適用され、外国人には適用されないということである。

イ．属地主義　これに対し、「属地主義」は、領土など一定の地域に
着目してその地域の中にいる人には、自国人であるとか外国人であると
か、すなわち国籍のいかんを問わず、法令の効力が及ぶとする考え方で
ある。換言すれば、一国の法は、その国の領域内に限って適用されると
いうことである。

３−２　日本の法令の人的効力　日本も領域主権を根拠に、原則とし
て属地主義を採用している。日本の法令の人的効力は、国籍を問わず、
日本の領域内に在住する外国人を含むすべての人に及ぶことになる。も
っとも、次のような例外がある。

ア．公法上の権利義務　参政権、請願権、兵役の義務などは、日本国
民であれば、外国に在留する場合においても、本国法の適用を受ける。
例えば、公職選挙法では、国会議員や地方公共団体の長および議員の選

挙については日本国民にしか選挙権を与えていない（公選法９条）。被選挙権も日本国民に限られる（同法10条）。これらは、属人主義を採用している。もっとも、納税の義務は原則として在留国の法に従わなければならない。

　イ．人の身分および能力　例えば、成人年齢、婚姻・離婚の要件、親子関係、相続、遺産関係などは本国法の適用を受ける。通則法36条は「相続は、被相続人の本国法による。」と定めている。これによると、例えば、中国人が日本で死亡すれば、日本の民法でなく、中国の法律に従って、その遺産が相続人に承継されることとして、属人主義を採用している。

　ウ．刑法の適用範囲　刑法のうち、第３条（国民の国外犯）と第３条の２（国民以外の者の国外犯）の規定は属人主義を採用し、第２条（すべての者の国外犯）の規定は保護主義を採用し、そして、第４条の２（条約による国外犯）の規定は世界主義を採用している。このように、日本の刑法では、属地主義の原則を補充する形で、属人主義、保護主義および世界主義も採用している。

　「保護主義」とは、自国または自国民の法益を侵害する犯罪に対しては犯罪地や犯人の国籍を問わず、自国の刑法を適用するものである。そして、「世界主義」とは、世界各国に共通する一定の法益を侵害する犯罪に対して、犯罪地および犯人の国籍を問わず、各国がそれぞれ自国の刑法を適用するものであり、「普遍主義」とも呼ぶ。

　エ．特定の身分の外国人　外交官等の特定の身分を有する外国人は、滞在する国の法の適用を受けず本国法の適用を受けることが認められる。ここにいう「外交官等」は、君主・大統領・大使・公使およびこれらの者の家族・従者であり、さらに、軍艦や一定の軍隊も含まれる。これは、本国政府の代表者ともいえる外交官等が、滞在国において、その

任務を支障なく遂行するため、かつ外交官等に対する儀礼として国家相互に当然認められている外交上の特権であり、外交関係に関するウィーン条約にも定められている。例えば、23条（公館に対する非課税）、27条（通信の不可侵）など。

　オ．特定の身分ある国民　特定の身分にある者はその国の国民であっても、ある法令はその者に適用されず、またはその適用を制限されることがある。例えば、天皇は、象徴的地位にあること（憲法１条）、摂政は在任中訴追されないこと（皇室典範21条）などから、刑事法の適用を受けることはない。また、憲法上、国会議員は、議院で行った演説・討論・表決について、院外で責任を問われないという免責特権を有する（憲法51条）。

2. 法令間の矛盾抵触を解決するための４つの原理

　ある事項について規定した法令が複数存在し、かつ、規定の内容が異なり、互いに矛盾抵触している場合に、どの法令の規定を適用すべきかが問題となる。法令間に矛盾抵触がある場合を解決するためには、一般に、①所管法令優先の原理、②上位法令優先の原理、③特別法優先の原理、④後法優越の原理の４つの原理があげられる。

（1）所管法令優先の原理
　１−１　所管法令優先の原理の意義　「所管法令優先の原理」とは、法令の種類ごとに所管事項が定められ、所管事項以外のことを規定することができないという原理である。「所管事項の原理」とも呼ぶ。

　要するに、法律、政令、条例などの法形式の違いに応じて、それぞれの領域範囲を定め、互いにそれぞれの領域を守らせ、他の領域に立ち入らせず、法令間に初めから矛盾抵触が生じないようにする。所管事項を

越えて規定した場合や、明らかにその所管事項に属さないことを定めた場合には、それは無効となる、ということである。

1－2　所管法令優先の原理の応用　例えば、最高裁判所規則という種類については、憲法77条1項で「最高裁判所は、訴訟に関する手続、弁護士、裁判所の内部規律及び司法事務処理に関する事項について、規則を定める権限を有する。」と最高裁判所の所管事項を定めている。一方、人事院規則については、国家公務員法16条1項前段で「人事院は、その所掌事務について、法律を実施するため、又は法律の委任に基づいて、人事院規則を制定し、人事院指令を発し、及び手続を定める。」と人事院の所管事項を定めている。そこで、仮に最高裁判所規則で、行政機関の組織を定め、また、人事院規則で、民間の給与に関することを定めても、かかる規定は、無効と解される。

もっとも、すべての法令の種類ごとに、それぞれの所管事項を相互に重複しないように定めることは決して容易ではなく、法令で定める所管事項が競合することも多いため、所管法令優先の原理だけでは法令相互間の矛盾抵触を解決できない場合が少なくない。

（2）上位法令優先の原理

2－1　上位法令優先の原理の意義　「上位法令優先の原理」とは、ある法形式の法令と別の法形式の法令とがその内容において矛盾抵触する場合、上位の形式的効力による法令が下位の形式的効力による法令に優先するとする原理である。「形式的効力の原理」とも呼ぶ。「上位法は下位法に優る」という法格言は、この原理を表わしている。

条約と法律、政令と省令などの各種の法形式には、上位の法規範（上位法）と下位の法規範（下位法）があり、しかも、かかる形式的効力に上下（優劣）の差がある。法形式を異にする法令相互の間で共通の事項

について矛盾抵触が生じた場合、その内容のいかんにかかわらず、その矛盾抵触する部分については、常に上位法が下位法に優先して適用されるという形式的効力が働く。その結果、下位法は上位法と矛盾抵触する場合、その効力が認められないことになる。

２－２　形式的効力の優先順位　日本の法形式の中で憲法が最上位であることは、言うまでもない。その下位に条約、さらにその下位に法律がある。法律の下位には命令があるが、命令の中の優先順位では、政令が上位で、府省令がその下位にある。外局またはこれに準ずるものの規則に対しては、上位機関の府省令が優先する。ただし、府省令とこれらの規則は、所管事項を異にするため、矛盾抵触する場面は少ない。なお、内閣府令、省令相互間、外局等の規則相互間については、その形式的効力は同等で優劣の差はない。

法律と最高裁判所規則では、法律が上位である。しかし、法律と議院規則との関係で、特に国会法との間の優劣については議論がある。議院規則が優先するという説も有力であるが、一般的には法律が優先すると考えられている。そして、最高裁判所規則と議院規則では、そもそも所管事項が異なり、それぞれが司法機関・立法機関の内部を規律するものであるため、どちらが上位か下位かという問題にはまずならない。

条例は、国の行政機関が定める命令（政令・府省令・規則）より下位になる。地方公共団体の規則は、さらにその下位である。

以上のように、日本の法秩序は、**図8-1**のように憲法を頂点とするピラミッド型の構造を形成しており、上から下に向かって形式的効力が弱くなっていく。

図8-1　日本の法秩序の構造

　２−３　所管法令優先の原理との関係　前述のように、法令の種類に
応じて、それぞれ一定の所管事項がある。形式的効力の優劣が問題とな
るのは、常に２つ以上の法形式の間に所管事項の競合がある場合だけで
ある。換言すれば、２つ以上の法形式の間に所管事項が全く競合しない
場合は、両者の間で規定の内容が相互に矛盾抵触することはないため、
両者の形式的効力に優劣はない。この意味では、上位法令優先の原理
は、所管事項の原理で解決できない部分の矛盾抵触を解決する補足的な
原理といえよう。
　なお、同等の形式的効力を有する法令の間に矛盾抵触が生じた場合に
は、上位法令優先の原理ではなく、後述の特別法優先の原理または後法
優越の原理で解決することになる。

（3）特別法優先の原理
　３−１　特別法優先の原理の意義　「特別法優先の原理」とは、形式
的効力を等しくする一般法と特別法の２つの法がある事柄に関して、異
なった規律を定めている場合、その事柄に関しては一般法の適用が排除
され、特別法が優先して適用されるという原理である。「特別法は一般

法に優先する」という法格言は、この原理を表している。

　ここにいう「一般法」とは、ある分野について一般的に適用される法をいう。そして、ここにいう「特別法」とは、その分野の中で特定の事柄についてのみ適用される法をいう。

３－２　一般法と特別法の例　一般法と特別法の例は枚挙にいとまがないほど多い。代表的な例として、民法と商法、民法と労働法、民法と借地借家法などの関係では、民法が一般法であるのに対し、商法、労働法、借地借家法などはその特別法である。そして、商法は、企業等の商行為を規律する法的ルールの総体であるから一般法であり、会社法、銀行法、保険法、手形法、小切手法、証券取引法、国際海上物品運送法等はその特別法である。また、国税通則法は、国税について基本的、共通的な事項を定めた法律であるから一般法であり、所得税法や法人税法などの個別の税法はその特別法となる。

　以上からわかるように、一般法と特別法の関係は、絶対的なものではなく、他の法令と比較した相対的なものにすぎない。つまり、ある法令に対しては一般法であるが、他の法令に対しては特別法になる場合もある。

３－３　特別法優先の原理の適用　特別法優先の原理によって、特別法が規律している事柄に関する限り、まず、その特別法の規定が優先的に適用される。一般法の規定は、その特別法の規定と矛盾抵触しない限度において、あるいは特別法に規定のない事項についてのみ補充的に適用される。

　前述の例をあげれば、保険法は商法に対しては特別法であり、商法は民法に対しては特別法であるから、仮に、民法の契約に関する規定が改正されても、保険契約に関する保険法の規定は、民法の改正によっては当然には変更されることはなく、依然としてそのまま適用される。た

だ、保険契約に関して保険法中に規定がなく、従来商法ないし民法が補充的に適用されていた部分についてだけ、民法改正の影響が及ぶということになる。

（4）後法優越の原理

4－1　後法優越の原理の意義　「後法優越の原理」とは、形式的効力を等しくする同種または異種の2つ以上の法令の規定が相互に矛盾抵触しているとき、時間的に後から制定された法令の規定が、前に制定された法令の規定に優越する、すなわち優先して適用される原理をいう。「後法優先の原則」とも呼ぶ。「後法は前法を破る」という法格言は、この原理を表している。

　法は、時の移り変わりとともに、その時々社会的、経済的または政治的事情や価値観をより適切に反映するために、新設、変更、廃止されることがある。通常、新しく法令を制定したり、または法令を改正したりする場合は、これと関連する既存の法令をすべて取り上げて、新しく制定される法令または改正後の法令の規定と矛盾抵触が生じないように慎重に調べる。そこで矛盾抵触を生ずる場合は、かかる既存の法令についても同時に改廃を行うのが、通例の立法のやり方である。したがって、本来は、前後の法令の適用が問題とされることはないはずである。しかし、いろいろな事情から、前後の法令が矛盾抵触の状態のまま残されることもある。そういう場合に、後法優越の原理が働くことになる。

4－2　特別法優先の原理との関係　特別法優先の原理も後法優越の原理も、形式的効力を等しくする2つ以上の法令間の矛盾抵触を解決するための法理である。しかし、後法である一般法で、前法である特別法と矛盾抵触するというような場合に、特別法優先の原理と後法優越の原理のどちらを適用すべきかが問題となる。

　これについて、まず、それらが一般法と特別法の関係にあるかどうか
を検討する。通常、一般法と特別法の間に矛盾抵触する場合には、制定
時期の前後を問わず特別法が優先する。つまり、特別法優先の原理が優
先して働く。これは、特別法は特別の事柄に適合するように特に定めら
れた規定だからである。そして、特別法優先の原理によって解決できな
い場合は後法優越の原理が働き、後法が優先して適用されることにな
る。

3.　規定の性質の分類

　実定法の規定は、その性質上、任意規定と強行規定に二分類されるこ
とが多いが、強行規定はさらに、絶対的強行規定と片面的強行規定に分
類することもできる。規定の性質は、法の適用および解釈をする際に重
要である。

（1）任意規定
　1－1　任意規定の意義　「任意規定」とは、契約など当事者の意思
によって適用を排除または変更することが認められる規定をいい、「任
意法規」とも呼ぶ。
　私人間に関する民事法の分野では、契約の自由のような私的自治が支
配原理になる規定であるから、任意規定が中心となる。法律行為の当事
者が、特段の意思表示をしない場合には任意規定が適用され、特段の意
思表示をした場合には、後に解説する絶対的強行規定または片面的強行
規定に反しない限り、その意思表示が両当事者を拘束することになる。
民法の債権編のほとんどの規定は、任意規定である。これは、契約自由
の原則の表れである。
　1－2　任意規定の判別　任意規定は、条文上、「別段の意思表示が

ないときは」「〜することができる」「〜ことができる」などのように表現される場合が多い。例えば、

◎民法
　（損害賠償の方法）
　第四百十七条　損害賠償は、<u>別段の意思表示がないときは</u>、金銭をもってその額を定める。

→金銭以外による損害賠償を求めることができる。

◎民法
　（同時履行の抗弁）
　第五百三十三条　双務契約の当事者の一方は、相手方がその債務の履行（債務の履行に代わる損害賠償の債務の履行を含む。）を提供するまでは、自己の債務の履行を<u>拒むことができる</u>。ただし、相手方の債務が弁済期にないときは、この限りでない。

→売買契約においては物の引渡しと現金の引渡しは同時に行うのが原則であるが、当事者が法律とは異なり、物の引渡し時ではなく月末に代金を支払うことに合意しているのであれば、任意規定のため、月末に支払ってもよいということである。

（2）絶対的強行規定

2−1　絶対的強行規定の意義　「絶対的強行規定」とは、法令の規定のうちで、当事者の意思・不利益のいかんにかかわらず適用される規定をいい、単に「強行規定」または「強行法規」と呼ぶことが多い。絶対的強行規定に反する法律行為や契約条項は無効となる。

2−2　絶対的強行規定の判別　絶対的強行規定は、条文上、「〜しなければならない」「〜することを得ず」「〜することができない」

「〜してはならない」「無効とする」などのように表現される場合が多い。しかし、文言の形式によるだけでは十分でなく、当該法令の目的や当該規定の趣旨を考慮して判断することも重要である。

　絶対的強行規定に該当するか否かの判別基準として、一般的に①国家利益・社会政策の実現を目的とする規定、②社会的・経済的秩序の維持を目的とする規定、③公序良俗に関わる規定、④時効や除斥期間[2] に関する規定などがあげられる。

　また、１つの法令は、性質の異なる複数の規定からなることが多いため、絶対的強行規定に該当するか否かは、法令単位ではなく、個別の規定ごとの性質に応じて決定する必要があることに留意しなければならない。

２−３　絶対的強行規定の例　民法においては、総則編における市民社会の基本的ルールを定める規定、所有権などの物権編における取引の安全を保護する規定、家族の身分関係の親族編、相続編における基本的な社会秩序に関する規定など、いずれも絶対的強行規定が多い。例えば、

> ◎民法
> 　（任意規定と異なる意思表示）
> 第九十一条　法律行為の当事者が法令中の公の秩序に関しない規定と異なる
> 　意思を表示したときは、その意思に従う。

　→公の秩序に関しない規定は任意規定となることから、公の秩序に関する規定は絶対的強行規定である。したがって、それに反する当事者の合意があったとしても、無効となる。

---

2)「除斥期間」とは、法律で定められた期間内に権利を行使しないと権利が当然に消滅する場合の期間。時効と異なり、中断することはなく、また、当事者の援用（意思表示）がなくても効果が生じる。

> ◎民法
> 　（重婚の禁止）
> 第七百三十二条　配偶者のある者は、重ねて婚姻をすることができない。

　→一夫一婦制の下で重婚が禁止されている。したがって、本条は絶対的強行規定である。仮に、配偶者のある者が婚姻したまま、さらに別の人と婚姻をすることを相互に認めたとしても、法的に許されない。

　独占禁止法、労働基準法、労働組合法、最低賃金法、労働者災害補償保険法、利息制限法、借地借家法、消費者保護法など「社会法」と呼ばれる分野などにおいては、両当事者の実質的な力関係を調整し労働者や消費者の保護を目的とする規定の多くは、絶対的強行規定になっている。なお、刑法をはじめとする公法においては、国家と国民の関係を規制するという性質上、絶対的強行規定が原則となる。

（3）片面的強行規定

　3－1　片面的強行規定の意義　「片面的強行規定」とは、当事者の一方に不利な特約を禁ずる強行規定をいい、「半面的強行規定」ともいう。これは、当事者間の力の不均衡を是正し、経済的・社会的弱者の利益を守るための規定である。片面的強行規定に反する法的効果として、当事者の一方に不利益になるような特約は無効となる。

　身元保証に関する法律（身元保証法）6条、特定商取引に関する法律（特定商取引法）9条8項・24条8項等、借地借家法9条・16条・21条等、高齢者の居住の安定確保に関する法律（高齢者住まい法）60条、偽造カード等及び盗難カード等を用いて行われる不正な機械式預貯金払戻し等からの預貯金者の保護等に関する法律（預貯金者保護法）8条、保

険法12条・41条・82条等は、片面的強行規定に該当する。

３－２　片面的強行規定の判別　日本の従来の立法形式では、片面的強行規定についてのみ、規定振りから明確である。例えば、

◎身元保証法
第六条　本法ノ規定ニ反スル特約ニシテ身元保証人ニ不利益ナルモノハ総テコレヲ無効トス。

◎特定商取引法
　（訪問販売における契約の申込みの撤回等）
第九条　（略）
8　前各項の規定に反する特約で申込者等に不利なものは、無効とする。

　平成以降、制定されている法令では、片面的強行規定の見出しを単に「（強行規定）」とするのが多い。例えば、

◎借地借家法
　（強行規定）
第九条　この節の規定に反する特約で借地権者に不利なものは、無効とする。

◎保険法
　（強行規定）
第四十九条　第四十二条の規定に反する特約で保険金受取人に不利なもの及び前条の規定に反する特約で保険契約者に不利なものは、無効とする。

【学習のヒント】

１．時間的・地域的・人的側面から、法の効力の及ぶ範囲をまとめてみ
　よう。

２．例をあげて法令間の矛盾抵触を解決するための原理を説明してみよ
　う。

参考文献

参議院法制局「法律の［窓］」（https：//houseikyoku.sangiin.go.jp/column/index.
　htm　最終アクセス日：2022/06/19)
高野竹三郎ほか『法学の基礎〔第３版〕』（成文堂・2002)
林修三『法令解釈の常識』（日本評論社・1959)
山上賢一『現代の法学入門〔第４版〕』（中央経済社・2006)
柳原正治『国際法』（放送大学教育振興会・2019)

9 | 法令解釈の方法

《目標＆ポイント》　本章においては、条文の語義や意味を具体的に適用する
際に、不明確な部分や欠缺のある部分について、法的に妥当な結論を導き出
すための法令解釈の方法を習得する。
《キーワード》　法規的解釈、学理的解釈、文理解釈、論理解釈、目的論的解
釈、拡張解釈、縮小解釈、反対解釈、類推解釈、勿論解釈

1. 総説

　「法令解釈」は、一言でいえば、法令のもつ意味を明確にすることで
ある。法令は本来ならば、完全無欠であることを前提とし、正確性・厳
密性が確保されなければならない。しかし、法令は、常に明確で欠缺の
ないものとして存在するわけではない。法令の規定には、抽象的な面が
あり、しかも法令制定当時、立法者が想定もしていなかった場面が時代
の推移とともに発生してくる。とりわけ高度に複雑化した現代社会に対
応するためには、ある程度、規定の内容を柔軟に制定し、解釈の余地を
残しておくことがむしろ適切とされる場合も少なくない。そこで、条文
の語義や意味を具体的に適用するにあたり、この不明確な部分を明らか
にしたり、欠缺を補完したりして、法的に妥当な結論を導き出すという
法令解釈が必要になるのである。
　法令解釈の方法は、従来様々な分類がみられる。一般的には、まず、
法規的解釈と学理的解釈に大別され、後者はさらに、文理解釈、論理解

釈、目的論的解釈に大別される。そして、論理解釈はさらに細分化される。

2. 法規的解釈

「法規的解釈」とは、法令解釈を立法の段階で明確に決めておくものをいい、「立法解釈」または「法定解釈」ともいう。これは、立法者が法令自体の形によって自ら解釈を制定するものである。法規的解釈は、それ以外の解釈の余地がなくそれに拘束されることになるため、最も権威があるといえる。法規的解釈の種類は、以下に8つあげられる。

①**目的規定** その法令の立法目的を簡潔に表現したもので、法令全体の解釈・運用の指針となる。通常、法令の冒頭ないし第1条に置かれている。

②**趣旨規定** その法令の内容を要約したものである。制定の目的よりも、その法律で定める内容そのもののほうに重点がある。法令の冒頭ないし第1条に目的規定ではなく、趣旨規定が置かれることがある。目的規定と趣旨規定のどちらにするかは、立法者が法令の内容や構成などを総合的に判断して決める。

③**定義規定** その法令で使われる主な用語を定義し説明したものである。法令においては様々な用語が使われる。特にその法令において基本的かつ重要と思われる用語については、定義規定を置いてその意味を明確にするのが通例である。例えば、

> ◎刑法
> 　（定義）
> 第七条　この法律において「公務員」とは、国又は地方公共団体の職員その
> 　他法令により公務に従事する議員、委員その他の職員をいう。
> 　2　この法律において「公務所」とは、官公庁その他公務員が職務を行う所
> 　をいう。

　④**略称規定**　法文中の一定範囲の字句に略称を与えるものである。その法令において略称の対象となる用語が最初に出てくるところに括弧書で「（以下『○○』という。）」と表現されるのが通例である。定義規定に似ているが、定義規定がある用語の概念を明確にすることを目的としているのに対し、略称規定は、長い表現を繰り返し用いるのを避けて法文を簡潔にすることを目的としている。もっとも、括弧書による表現は、定義規定の場合にも使われることがある。

　⑤**理念規定**　その法令の制定の理念や方針を表すために特に設けられるものであり、その法令の解釈・適用の指針となる。例えば、

> ◎スポーツ基本法
> 　（基本理念）
> 第二条　スポーツは、これを通じて幸福で豊かな生活を営むことが人々の権
> 　利であることに鑑み、国民が生涯にわたりあらゆる機会とあらゆる場所に
> 　おいて、自主的かつ自律的にその適性及び健康状態に応じて行うことがで
> 　きるようにすることを旨として、推進されなければならない。
> 　　（略）

　⑥**責務規定**　法令の目的や基本理念を実現させるために各主体の果たすべき役割を明らかにしたものである。例えば、

> ◎スポーツ基本法
> （国の責務）
> 第三条　国は、前条の基本理念（以下「基本理念」という。）にのっとり、スポーツに関する施策を総合的に策定し、及び実施する責務を有する。

　⑦**解釈規定**　その法令の全部または一部についての解釈の方向や指針を示すものである。立法者の意図に反した解釈が行われないよう、その法令解釈について特に留意すべき場合に置かれる。例えば、

> ◎民法
> （解釈の基準）
> 第二条　この法律は、個人の尊厳と両性の本質的平等を旨として、解釈しなければならない。

　⑧**罰則規定**　命令または制限もしくは禁止する規定の違反行為に対する刑罰または過料を科する旨を定めたものである。刑罰は、罪を犯した者に科せられる法律上の制裁である。過料は、法令違反に対して金銭が徴収されることの多い制裁である。過料は、刑罰ではなく、形式的で軽微な義務違反に対して科される秩序罰である。また、罰則規定には両罰規定がある。両罰規定は、法人などの事業主体の代表者や従業員などが、業務に関して違反行為をした場合に、直接の違反者を罰するほか、その事業主体をも罰する旨を定めたものである。

　上記にあげた種類のうち、目的規定または趣旨規定は、法律や条例にほぼ共通して置かれ、定義規定と略称規定も多くの法令に置かれている。

3. 学理的解釈

　「学理的解釈」とは、法を原理・理論によって解釈する方法をいう。学理的解釈は、法規的解釈のように、立法そのものによる解釈ではなく、学問上の立場から法令を解釈するものである。法令解釈といえば、この学理的解釈を指すことが一般的である。学理的解釈は、そのまま既存の法令・実務を拘束することはないが、立法的解釈への提言や新たな判例・学説の形成に重要な役割を果たしている。

　学理的解釈は、以下のとおり、文理解釈、論理解釈および目的論的解釈に大別される。

（1）文理解釈

　１－１　文理解釈の意義　「文理解釈」とは、法令の規定をその規定の文字や用語の意味に即して忠実に解釈する方法をいい、「文字解釈」ともいう。文理解釈は、規定を構成する文字や用語を重視し、一般社会の常識や通念を基礎に読み取ることとされる。成文法主義を採用した以上、法令解釈にあたって、まず文理解釈が行われることになる。

　１－２　文理解釈の留意点　文理に沿って解釈する際には、次の点に留意しよう。

　第1に、社会通念に従って解すること。特殊な専門用語や法令用語は別として、法令の文字や用語は、社会通念上一般に理解されているような意味に従って法文を解釈するのが原則である。ある用語がその法令に特有の意味で用いられる場合、前述のようにその用語の意義がその法令中に定義されるのが通例である。

　第2に、原則的に制定当時の意味に解するが、現時点での意味も客観的に鑑みること。法令の文字や用語は、それが制定された当時の意味に

とるべきか、それともそれを解釈する時点の意味にとるべきかについて、学説も分かれているところである。一概にはいえないが、原則としては、その法令が制定された当時の意味にとるのが適当と考えられる。もっとも、制定当時の意味に解すべきではない場合もある。

　例えば、かつて、現行刑法245条の「電気は、財物とみなす」という規定がなかった明治13年の旧刑法では、窃盗罪の規定の「所有物」（現行刑法の「財物」）という用語は、制定当時、有体物だけとし、「物ではない電気」の窃盗を想定していなかった。しかし、社会の進展に応じて当該条文にいう「物」とは有体物に限らず、可動性と管理可能性とを併有する電流をも含むと解すべきである、と判示した旧大審院の判決（大判明治36年5月21日刑録9輯874頁）が、その例の1つである。

　したがって、法令解釈にあたって、法文の文言や用語は必ずしも制定当時の意味とは限らず、現時点での社会観念の変化も客観的に鑑みる必要もある。

　第3に、法令用語の使い方を正しく理解すること。法令で用いられている文言や用語には、日常用語とは異なる使い分けや特別な意味がある法令用語が慣用されている。例えば、「又は」と「若しくは」、「及び」と「並びに」、「推定」と「みなす」、「悪意」と「善意」、「欠缺」、「出捐」などである（→第6章、第7章参照）。法令用語は、立法技術的な意味を有し、法令の正確性・厳密性を確保する上で重要な役割を果たしている。そのため、文理解釈にあたって、慣用されている法令用語の特有な意味や用法を正しく理解することも必要不可欠である。

（2）論理解釈

　法令解釈にあたっては、まず、文言や用語に即して解釈する、いわゆる文理解釈が基本であることは、前述のとおりである。しかし、法令

は、すべてのケースに備えて網羅的に規定できるわけではない。そこで、次に、論理解釈が必要となる。

　「論理解釈」とは、条理や論理的思考に基づいて法令を解釈する方法をいい、「条理解釈」ともいう。論理解釈は、文理解釈とは違って、法令の文字や用語の語義のみに捉われず、論理的に矛盾しないよう、文理解釈における不備や不完全を補充する解釈方法である。

　論理解釈の方法は、以下のように、さらに拡張解釈、縮小解釈、反対解釈、類推解釈、勿論解釈などに分類される。

　2－1　拡張解釈　法令に用いられている文言を通常の意味よりも広く解釈する方法をいい、「拡大解釈」ともいう。これは、条文を文言どおりに解釈すると法の本来の目的や趣旨に反するため、妥当な範囲に拡大して読み取ることが適切であると認められる場合の解釈方法である。拡張解釈は、立法後に生じた新たな利益を保護するために行われることが多い。例えば、

◎民法
　（近親者に対する損害の賠償）
　第七百十一条　他人の生命を侵害した者は、被害者の父母、配偶者及び子に
　　対しては、その財産権が侵害されなかった場合においても、損害の賠償を
　　しなければならない。

　→この規定にいう「配偶者」とは、法律的な婚姻をしている者に限らず、いわゆる内縁関係にある者にも広げて解釈するのが、拡張解釈である。

　2－2　縮小解釈　拡張解釈とは逆に、法令に用いられている文言を通常の意味よりも狭く解釈する方法をいい、「制限（限定）解釈」ともいう。これは、条文を文言どおり解釈すると妥当な結論が得られない場

合に認められる解釈方法であり、立法者の意図がその後の社会の実状に適合しなくなった場合に用いられることが多い。例えば、

◎民法
（不動産に関する物権の変動の対抗要件）
第百七十七条　不動産に関する物権の得喪及び変更は、不動産登記法（平成
　十六年法律第百二十三号）その他の登記に関する法律の定めるところに従
　いその登記をしなければ、<u>第三者</u>に対抗することができない。

　→この規定では、登記をもって対抗できる「第三者」の範囲については、文言上何らの限定も付されていない。しかし、登記制度の全体の趣旨からみて、ここでいう「第三者」とは、すべての第三者ではなく、登記の不存在を正当に主張することのできる第三者であると判示されている（大判明治41年12月15日民録14輯1301頁）。すなわち、登記がなければ対抗できない第三者の範囲を狭めて解釈されている。これが、縮小解釈の代表的な例である。

　2－3　反対解釈　ある条文が特定の事項に関して定めているが、それにあたらない場合は、条文が規定するのと反対の効果を導き出すというような趣旨の規定をも含んでいる解釈方法をいう。これは、規定されていない事項について法的判断を行う仕方である。例えば、民法4条は「年齢十八歳をもって、成年とする。」と定めている。この規定を反対解釈すると、年齢18歳未満は未成年であるとわかる。

　反対解釈は、導き出された結論が形式論的には当然のようにみえるが、それが常に妥当性をもつとは限らないため、やみくもにこれを使うと、間違った結論になるおそれがある。したがって、反対解釈の方法を用いる場合には、特に注意が必要である。

　2－4　類推解釈　直接規定がない事項について、それと同類の事項

について定めた法規定を類推して解釈する方法をいう。これは、本来「準用する」という規定のあるべきところに、そういう明文の規定がないため、解釈によって、法規範の欠缺を補充する効果を導き出す機能を有する解釈方法である。

　例えば、民法416条1項は、債務不履行による損害賠償の範囲について「債務不履行」によって「通常生ずべき損害」と定めている。一方、不法行為による損害賠償の範囲については何らの定めも置かれていない。しかし、両者は、実質的には同質の事柄であることから、学説上は、不法行為による損害賠償についても、民法416条1項の規定が類推適用され、判例も同様の判断を示している（最判昭和48年6月7日民集27巻6号681頁）。

　2−5　類推解釈と拡張解釈との相違　類推解釈と拡張解釈は、ともに立法後新たに生じた利益を保護するため、民事法ではよく利用される解釈方法である。拡張解釈は、規定の意味を広げて解するのに対して、類推解釈は、規定を類似の事柄に当てはめて解する点で異なる。

　しかし実際には、両者いずれの場合も考えられることがある。例えば、前掲の民法711条には、この「配偶者」の中に内縁の妻も包含されると解するのが拡張解釈であり、内縁の妻は法律上配偶者ではないものの、この規定の趣旨から、内縁の妻も慰謝料を加害者に請求する権利があると解するのが類推解釈である。この場合は、拡張解釈か類推解釈か、どちらによっても、結論は同じとなる。

　もっとも、刑法では、拡大解釈は許されるが、類推解釈は禁止されている。その理由は、類推解釈を認めると、刑法に規定のない行為まで犯罪として処罰され、人権を保護するための罪刑法定主義の原則（「法律なければ刑罰なし」→第12章204頁参照）に反することになるからである。

2−6　類推解釈と反対解釈との相違　類推解釈と反対解釈は、ともにある事柄については直接の規定がないが、解釈により規範を導き出す解釈方法である。ところが、類推解釈と反対解釈では結論が反対になる。

例えば、あるマンションの賃貸借契約書に「犬猫の飼育禁止」の規定があるとする。反対解釈をすれば、禁止されるのは犬と猫だけであるから、猿であれウサギであれ、その他の動物はすべて飼育可能になる。これに対し、類推解釈をすれば、犬猫が禁止されるなら、猿もウサギも動物であることから飼育は不可となる。

このように、類推解釈と反対解釈は表裏一体の関係にあるともいえる。類推解釈と反対解釈のいずれかの解釈方法を用いるとき、後述のように、立法の目的や趣旨に照らし、かつ、その結論が法の理念、すなわち正義と法的安定性の要求に合致するかどうかを踏まえてどちらの解釈が適切かを見極めることが重要である。

2−7　勿論解釈　ある規定が論じるまでもなく当然に他の事項にまで及ぶと解する方法をいう。これは、条文に記載されていない事柄に関して、立法の目的や趣旨に照らして、適用範囲に含まれると解することが勿論のことである、と考えられる場合に用いられる解釈方法である。例えば、

◎民法
　（成年被後見人の婚姻）
　第七百三十八条　成年被後見人が婚姻をするには、その成年後見人の同意を要しない。

→この規定は、成年被後見人の婚姻についての規定であるが、成年被保佐人については何らの規定もなされていない。しかしながら、成年被

保佐人は、行為能力の点で成年被後見人に優っている。勿論解釈をすれば、成年被後見人の婚姻にその成年後見人の同意が必要ないのであれば、成年被保佐人の婚姻にももちろん保佐人の同意は不要、ということになる。

2−8　勿論解釈と反対解釈・類推解釈との関係　反対解釈、類推解釈、勿論解釈は、いずれも該当明文の規定がない場合の解釈方法である。このうちのいずれの解釈方法を用いるかにより全く逆の結論が導かれることにもなる。したがって、解釈する際に、その結論が適切かどうかを慎重に検討することが必要である。また、勿論解釈が類推解釈の一種であるとも位置づけられるため、刑法上はそれが許されないと考えられる。

（3）目的論的解釈

「目的論的解釈」とは、立法の目的・趣旨、他の諸法令との関係、社会的背景など諸般の事情を基礎として法令を解釈する方法の総称である。文理解釈や論理解釈によって妥当な結論を見出し得ないときに用いられる解釈方法である。

目的論的解釈は、最も妥当な結論を導き出すことに主眼を置き、法秩序全体を念頭に、法的安定性を図りながら、あらゆる方面から観察した上、いかにして具体的に妥当な結論を得るかを論理的に究明する、という解釈方法である。具体的には、以下の方法があげられる。

3−1　立法者意思の探求　法令解釈の妥当性に説得力があるのは立法者の意思である。そのため、法令制定当時の立法者の主観的意思を探り、仮に立法者がその問題を検討したとしたならば、立法者がこのように考えていたであろうと合理的に推論する。

今日、各種の成文法については、立法過程に関する詳細な資料が公刊

されている。例えば、法案理由書、立案者の説明資料、国会における質疑応答の記録、原案が審議された各種の審議会における審議資料などである。こうした資料を通して、立法背景、立法沿革、立法過程を理解するとともに、各条文がどのような意図の下で制定されたかを知ることができる。もっとも、こうした資料から、必ずしも立法者の意思を明らかにすることが困難な場合がある。

３－２　立法の目的・趣旨の確認　法令解釈の妥当性の重要な根拠となるのは、立法の目的と趣旨である。立法者意思の探求だけでは、必ずしも妥当な結論を導くことができない。特に、社会の価値観や社会の事情が立法時より変化し、立法者の意思では適切に問題を解決できないことがある。その場合、立法の目的、立法の趣旨をつかむことが大切である。

あらゆる法令は、立法の目的・趣旨をもっている。前述のように、近頃の法令には、その冒頭に、立法の目的あるいは立法の趣旨を明らかにした規定が置かれることになっている。こういう目的規定・趣旨規定は、その法令の各規定を解釈する指針として重要な役割を果たすわけである。

３－３　他の法令との関係への留意　法令を解釈する際に、当該法令のみならず、他の法令との関係、法体系全体との調和も常に念頭に置くことが必要である。これは「体系的解釈」と呼ぶことがある。すなわち、法令や条文が置かれている位置、適用の順序などを手がかりとして、法令ないし規定の相互間の関係や他の法令ないし条文との整合性にも目を配って解釈を行うということである。

３－４　外国立法例の参照　当該法令が立法当時、外国法を継受して制定されていたものであれば、その元になる外国立法例がその国においてはどのように解釈されているか、もともと何を目指して設けられているか、その後、改正されたのであれば、どのように改正されたのか、そ

の改正理由は何かを参照することも重要であろう。これは「比較法的解釈」と呼ぶことがある。

3－5　公共の福祉に適合するかの検証　法令解釈は、法の最終目的である公共の福祉の維持および実現に合致するかどうか、ということを検証してみることが必要である。国民は、基本的人権である自由および権利を濫用してはならないのであって、「常に公共の福祉のために」、これを利用する責任を負う（憲法12条後段）。一方、国民の基本的人権については、「公共の福祉に反しない限り」、立法その他の国政の上で、最大の尊重を必要とする（憲法13条）とされている。したがって、すべての法令解釈を行う際に、公共の福祉を念頭においてその結論が公共の福祉に適合するかどうかを検証しなければならない。

　以上、解説してきた法令解釈の方法は、次の**図9-1**にまとめられる。

156

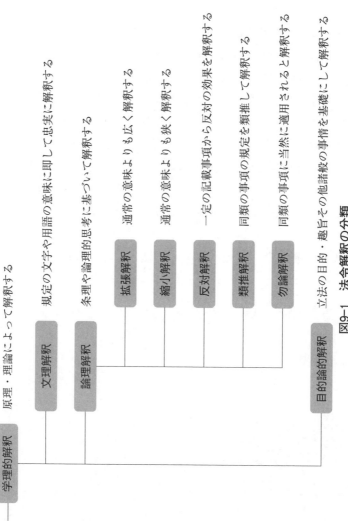

図9-1　法令解釈の分類

法規的解釈	立法の段階で明確に決めておく
学理的解釈	原理・理論によって解釈する
文理解釈	規定の文字や用語の意味に即して忠実に解釈する
論理解釈	条理や論理的思考に基づいて解釈する
拡張解釈	通常の意味よりも広く解釈する
縮小解釈	通常の意味よりも狭く解釈する
反対解釈	一定の記載事項から反対の効果を解釈する
類推解釈	同類の事項の規定を類推して解釈する
勿論解釈	同類の事項に当然に適用されると解釈する
目的論的解釈	立法の目的・趣旨その他諸般の事情を基礎にして解釈する

【学習のヒント】

１．なぜ法令解釈の方法を習得する必要があるか。

２．法令解釈の最終的な目的は何であろうか。

参考文献

三枝有他『ローディバイス法学入門〔第 2 版〕』（法律文化社・2018）

齊藤信宰ほか『現代社会における法学入門〔第 3 版〕』（成文堂・2013）

宍戸常寿編著『法学入門』（有斐閣・2021）

高野竹三郎ほか『法学の基礎〔第 3 版〕』（成文堂・2002）

髙橋明弘『法学への招待～社会生活と法～〔第 2 版〕』（法律文化社・2020）

髙橋雅夫編著『Next 教科書シリーズ法学〔第 3 版〕』（弘文堂・2020）

永井和之＝森光『法学入門〔第 3 版〕』（中央経済社・2020）

林修三『法令解釈の常識』（日本評論社・1959）

星野英一『法学入門』（放送大学教育振興会・1995）

武藤眞朗＝多田英明＝宮木康博『法を学ぶパートナー〔第 4 版〕』（成文堂・2020）

山田卓生『法学入門』（信山社・2013）

10 裁判制度の概要

《**目標&ポイント**》 本章においては、日本の裁判制度がどのような法システムであるか、国民の権利と自由がどのように守られているか、一般市民がどのような手続によって裁判を受けられるかを理解する。
《**キーワード**》 訴訟当事者、法曹、裁判権、事実審、法律審、三審制、裁判員制度

1. 総説

「裁判」とは、司法機関である裁判所または裁判官が具体的事件について下す拘束力のある判断をいう。現代の三権分立が成立した法治国家である日本の裁判制度は、法システムの規範的・社会的機能を維持し、国民の権利を守り、国民生活の平穏と自由を保つために重要な役割を果たしている。

「裁判権」とは、国家の統治権の1つである裁判の作用として行使することができる権限をいい、つまり、国家から裁判所に与えられた、各種の裁判を行う司法権である。裁判権は、民事裁判権と刑事裁判権に大別される。

(1) 裁判の主要な登場人物

裁判に主に登場する人物として、訴訟当事者、裁判官、検察官、弁護士等がいる。うち、裁判官、検察官、弁護士を合わせて「法曹」と呼ぶ。

1－1　訴訟当事者　訴訟において、裁判所に対して裁判権の行使を求める者、およびその相手方、すなわち訴訟手続の主体をいう。訴訟当事者の呼称は、民事訴訟では、第一審は原告と被告、第二審は控訴人と被控訴人、第三審は上告人と被上告人などと呼ぶ。刑事訴訟では、第一審から第三審まで、当事者は、「検察官」「被告人」と表示される。

1－2　裁判官　司法権を行使して裁判を行う官職にある者をいう。裁判所法によれば、裁判官は、最高裁判所長官、最高裁判所判事、高等裁判所長官、判事、判事補[1]、簡易裁判所判事に分かれる。最高裁判所長官は、内閣の指名に基づいて天皇が任命する（憲法6条2項、裁判所法39条1項）。最高裁判所判事は、内閣が任命し（憲法79条1項、裁判所法39条2項）、その任免は、天皇が認証する（裁判所法39条3項）。すなわち、儀式をもって任命を確認し証明する行為である。下級裁判所の裁判官は、最高裁判所の指名した者の名簿によって内閣が任命する（憲法80条1項、裁判所法40条1項）。このうち、高等裁判所長官の任免は天皇の認証を受ける（裁判所法40条2項）。

1－3　検察官　刑事事件について公訴の提起等を行い、裁判所に法の正当な適用を請求し、かつ、裁判の執行を監督し、その他、公益の代表者として与えられた権限を行使する行政官をいう（検察庁法4条）。検察官は、検事総長、次長検事、検事長、検事および副検事に分かれる。検察官は、裁判において、被告人が犯罪を行ったことを証拠に基づいて立証する役割を担っている。この他、国の代理人としての職務も行う。

1－4　弁護士　当事者その他関係人の依頼または官公署の委嘱によって、訴訟事件、非訟事件および行政庁に対する不服申立て事件に関する行為その他一般の法律事務を行うことを職務とする者である。民事訴訟では弁護士を「訴訟代理人」と呼び、刑事訴訟では弁護士を「弁護人」と呼ぶ。民事訴訟における訴訟代理人の役割は、当事者である原告

---

1) 判事補は、裁判官の官名の一種であって、司法修習を終えた者の中から任命され、任期10年とされる。特別の定めのある場合を除いて、単独で裁判をすることができない（裁判所法27条1項）。

または被告からの依頼を受けて、各種書類の作成や法廷での主張・立証活動をする他、和解などの場合では相手方との交渉を行うこともある。刑事事件における弁護人の役割は、被告人の正当な権利を擁護するために、えん罪を防止し、行き過ぎた刑罰が科されたり、違法な手続が見逃されたりしないようにするために、意見を述べ、証拠を提出することである。

（2）裁判の分類

　裁判には、訴訟当事者および根拠となる法律によって「民事裁判」「行政裁判」「刑事裁判」がある。それぞれ、「民事訴訟」「行政訴訟」「刑事訴訟」とも呼ばれる。民事事件や行政事件については、当事者が裁判所に法的判断を求めることを「訴訟の提起」という。一方、刑事事件については、検察官が裁判所に法的判断を求めることを「公訴の提起」といい、民事事件、行政事件とは区別している。

　2－1　民事裁判　私人間で発生した紛争について裁判所が判決をすることによって紛争の解決を図る手続をいう。根拠となる法律は、民事訴訟法である。

　民事判決の種類は、求める判決の内容に応じて、①被告である債務者に対し、債権の目的である特定の行為を履行すべきことを命ずる「給付判決」（例えば、貸金の返還請求）、②権利関係または法律関係の存否について判断する「確認判決」（例えば、土地の所有権の確認）、および③法律関係の変動を認容する「形成判決」（例えば、婚姻関係が解消されることを求める訴え）がある。

　民事裁判の目的は、権利の有無を確定することにある。それを判断するためには要件事実が必要である。「要件事実」とは、権利の発生・変更・消滅といった、一定の法律効果が発生するために必要な具体的事実

をいう。民事裁判において、各当事者は、自分に有利な法律効果が発生するように、その要件事実を主張・立証する。要件事実は、実体法に基づいて妥当な結論を導くことができる。そのため、実体法が重要である。

2-2　行政裁判　行政行為の適法・違法に関する事件を訴訟手続によって裁判することを指す。根拠となる法律は、行政事件訴訟法である。行政裁判は、明治憲法の下では、フランス、ドイツ等の大陸法系の諸国のように、司法裁判所とは系列を異にする行政裁判所の管轄とされていた。しかし、現行憲法の下では、通常の司法裁判所の管轄とされている。したがって、民事裁判には、行政裁判も含まれる。

行政事件訴訟には、抗告訴訟、当事者訴訟、民衆訴訟および機関訴訟の４種類がある（→第12章201頁以下参照）。

2-3　刑事裁判　罪を犯した疑いがある被告人について、有罪か無罪か、そして、有罪の場合にはどのような刑罰を科すべきかを裁判所が判断するための手続をいう。公訴を提起するのは常に検察官である。そして、根拠となる法律は、刑事訴訟法である。

刑事判決の種類は、大きく分けると「無罪判決」と「有罪判決」がある。その他に、特殊な判決として「公訴棄却」「免訴判決」もある。刑事訴訟の目的は、被告人が犯罪を行ったかどうかという事実の有無を判断することにある。そのため、どのような手続で事実を判断するかが重要である。

裁判で取り扱われる事件の種類は様々であるが、１つの事案は１つの事件のみでなく、複数の事件に関わることもある。例えば、殺人事件が発生したとする。犯人が逮捕され、殺人罪で有罪判決が下されるような場合には、刑事事件になるが、殺害という不法行為に基づく損害賠償を請求する場合には、民事事件にもなる。この他、労働契約、賃金、労働時間に関する紛争や労働組合の活動に関する紛争の労働事件において

は、紛争の内容によっては民事訴訟、行政訴訟、刑事訴訟のいずれにも
なる可能性がある。

（3）審理方式の種類と裁判の形式的分類

3−1　審理方式の種類　「審理」とは、裁判所が訴えに対して判決
を下すために、訴訟要件の存否と請求の当否について取り調べて明らか
にする段階をいう。審理方式は、「事実審」と「法律審」に分けられる。
「事実審」とは、事実認定に関する事実問題と法律の解釈・適用に関す
る法律問題とを併せて審理する方式をいう。そして、「法律審」とは、
事実審で認定し、かつ確定した事実関係について、法的解釈・適用に関
する法律問題だけを審理する方式をいう。

　民事裁判では、第一審と控訴審は事実審であり、上告審は法律審であ
る。一方、刑事裁判では、第一審は事実審、控訴審は事実誤認と量刑不
当を審理するときに限り事実審で、一般には法律審である。上告審は原
則として法律審であるが、判決に影響を及ぼすべき重大な事実の誤認が
ある場合には、上告審で事実関係に関する問題を取り上げることができ
る（刑訴法411条3号）。

　3−2　裁判の形式的分類　裁判の形式には、民事、刑事を問わず、
以下の「判決」「決定」「命令」の3種類がある。

　ア．判決　訴訟において、法廷での正式審理、すなわち、民事訴訟で
は「口頭弁論」（口頭で事件に関する事実を主張し証拠を提出する方
式）、刑事訴訟では「公判手続」（公開の法廷で行われる手続）を経て、
当該事件についてなされた裁判所の正式な判断である。訴訟は通例、判
決をもって終わる。その判決に不服がある場合、当事者は上訴すること
ができる。かかる手続を経て判決を変更できない状況になった場合、そ
の判決は「確定判決」と呼ばれる。

イ．決定　口頭弁論を経ることを要せずになしうる裁判である。

ウ．命令　複数の裁判官による合議体ではなく、個別の裁判官（裁判長や受命裁判官、受託裁判官[2]）が単独で行う裁判である。

エ．決定と命令の違い　「決定」と「命令」には共通点が多い。両方とも、書面審理を中心とする簡単な審理でなされた判断である。その違いは、裁判の主体にある。つまり、決定は裁判官合議体が主体となる判断であるのに対し、命令は個別の裁判官が主体となる判断である。したがって、法律上「命令」という名前がついていても、主体が裁判合議体であれば、性質としては決定である。

なお、行政官庁のうち、公正取引委員会や特許庁などの準司法機関が行った法的判断を「審決」という。

2．裁判所の体制

日本の裁判所は、民事事件・刑事事件・行政事件などの区別なく、紛争を解決するために一切の訴訟を裁判する権限を有している。また、「すべて司法権は、最高裁判所及び法律の定めるところにより設置する下級裁判所に属する」とされている（憲法76条1項）。これにより、最高裁判所（最高裁）は唯一の最上級の裁判所である。下級裁判所には、高等裁判所（高裁）、地方裁判所（地裁）、家庭裁判所（家裁）、簡易裁判所（簡裁）が設けられている（裁判所法2条）。

（1）最高裁判所

1－1　所在および構成　最高裁判所は、東京都に所在する（裁判所法6条）。最高裁判所は、最高裁長官と14人の最高裁判事の合計15人の裁判官によって構成されている（同法5条1項・3項）。なお、最高裁判所には、判事から任命される最高裁調査官がいる。調査官の主な職務

2）受命裁判官は、合議体を構成する裁判官の一人であり、受訴裁判所を代表して権限を行使する者。受託裁判官は、受訴裁判所の受託を受けて権限を行使する裁判官。

は、最高裁判事の審理を補佐し、事件の審理および裁判に関して必要な調査を行い、担当主任裁判官に報告することである（同法57条）。

1−2　裁判権等　最高裁判所は、司法権の最高機関であり、違憲審査権を有する終審裁判所である（憲法81条）。最高裁判所は、上告、および訴訟法において特に定める抗告について裁判権を有する（裁判所法7条）。ここにいう「訴訟法において特に定める抗告」とは、民事事件においては、下級審裁判に憲法の解釈の誤りがあること、その他憲法違反があることを理由とする「特別抗告」（民訴法336条）や最高裁判所の判例と相反する判断がある場合や、その他の法令の解釈に関する重要な事項を含む場合で、高等裁判所が許可をしたときに限り認められる「許可抗告」（同法337条）であり、刑事事件においては、憲法違反または憲法の解釈の誤りがあることや判例違反を理由とする抗告である（刑訴法433条・405条）。

1−3　審理方式　最高裁判所の法廷には、大法廷と小法廷の2種類がある。大法廷は裁判官15名全員から構成される合議体で、小法廷は第一、第二、第三と3つあり、それぞれ3人以上の裁判官から構成される合議体である（裁判所法9条）。最高裁判所が受理した事件は通常、小法廷で審理・裁判が行われるが、憲法適合・憲法解釈の判断、判例変更など特に重要な事件は、大法廷で審理・裁判が行われる（同法10条）。なお、最高裁判所は、「原審」（高等裁判所）が認定し確定した事実に基づいて法律問題を判断する法律審であることから、審理は通常、書面によって行われる。

（2）高等裁判所

2−1　所在および構成　高等裁判所は、全国で8か所（札幌、仙台、東京、名古屋、大阪、広島、高松、福岡）に設置されている。この

他、6か所（秋田、金沢、岡山、松江、宮崎、那覇）に支部が設置されている。なお、2005年から東京高等裁判所において、特許権・商標権など知的財産権に関する裁判を専門に扱う特別の支部として、知的財産高等裁判所が設置されている。各高等裁判所は、高裁長官および相応な員数の判事によって構成される（裁判所法15条）。

2−2　裁判権等　高等裁判所は、次の事項について裁判権を有する（裁判所法16条）。①地方裁判所の第一審判決、家庭裁判所の判決、および簡易裁判所の刑事に関する判決に対する控訴、②地方裁判所と家庭裁判所の決定・命令、および簡易裁判所の刑事に関する決定・命令に対する抗告、③刑事に関するものを除いて、地方裁判所の第二審判決および簡易裁判所の判決に対する上告、④内乱罪等に係る訴訟の第一審。この他、高等裁判所は、選挙に関する行政訴訟について第一審裁判権を有する（公選法203・204条等）。東京高等裁判所は、さらに、公正取引委員会や特許庁のような準司法的機関の審決等に対する取消訴訟についても第一審裁判権を有する（特許法178条1項等）。

2−3　審理方式　高等裁判所が受理した事件は、原則として3人の裁判官から構成される合議体によって審理・裁判される。もっとも、内乱罪等の刑事訴訟や公正取引委員会の審決等訴訟については、5人の裁判官から構成される合議体によって審理・裁判される（裁判所法18条）。第一審・控訴審として裁判を担当する高等裁判所は、事実審と法律審という2つの性格を有する。一方、上告審として裁判を担当する高等裁判所は、法律審の性格のみを有する。

（3）地方裁判所

3−1　所在および構成　地方裁判所は、全国で50か所（都道府県庁所在地47か所、北海道は札幌の他、さらに旭川、釧路、函館）に設置さ

れ、この他、全国に203の支部も設置されている。各地方裁判所は、相応な員数の判事および判事補で構成される（裁判所法23条）。

　3－2　裁判権等　地方裁判所は、次の事項について裁判権を有する（裁判所法24条・25条）。①専属管轄権を有する他の裁判所や他の機関（公正取引委員会や特許庁などの準司法的機関）が審理をする場合を除き、第一審事件のすべての訴訟事件、②控訴事件および抗告事件（簡易裁判所の民事事件判決に対する控訴事件およびその決定・命令に対する抗告事件）、③その他の法律によって合議体事件と定められた事件。例えば、独占禁止法に関する公正取引委員会の排除措置・課徴金納付命令、独占禁止法の私的独占・不当な取引制限・競争制限の罪および損害賠償についての訴訟（独禁法85条～87条）である。

　3－3　審理方式　地方裁判所の審理・裁判は、基本的には１人の裁判官による単独制で行われるが、死刑、無期、短期１年以上の懲役または禁錮に当たる罪に係る事件や簡易裁判所の判決に対する控訴事件ならびにその決定・命令に対する抗告事件その他合議体で審理および裁判をすべきものと定められた事件などについては、３人の裁判官から構成される合議制によって行われる（裁判所法26条）。

　第一審・控訴審として裁判を担当する地方裁判所は、事実審と法律審という２つの性格を有する。また、刑事事件では、後述する裁判員裁判も行われる。

（4）家庭裁判所

　4－1　所在および構成　家庭裁判所とその支部は、地方裁判所とその支部と同じ場所に設置されている。すなわち、全国に家庭裁判所は50か所、その支部は203か所がある。その他、簡易裁判所のうち必要性の高い所在地には家庭裁判所の出張所が77か所併設されている。各家庭裁

判所は、相応な員数の判事および判事補で構成される（裁判所法31条の２）。また、常勤の裁判官の他に、弁護士から任命される非常勤の調停官（非常勤裁判官）、心理学などの専門的知識を活用して事実調査に当たる家庭裁判所調査官、民間人から選任される非常勤の家事調停委員・参与員などが関与する。

　４－２　裁判権等　家庭裁判所は、次の事項について裁判権等を有する（裁判所法31条の３）。①夫婦関係や親子関係の紛争等に関する家事事件の審判・調停、②婚姻関係・養子縁組・親子関係など身分関係の形成・確認を目的とする人事訴訟の第一審の裁判、③非行を犯した少年の保護事件の審判、④その他、他の法律において特に定める権限。例えば、平成26年４月１日に「国際的な子の奪取の民事上の側面に関する条約」（ハーグ条約）の実施に関する法律が施行され、16歳未満の子女が国境を越えて不法に日本へ連れ去られた場合などにおける、子女の返還に関する紛争について、東京家庭裁判所と大阪家庭裁判所がこれを取り扱う権限を有するようになった。

　４－３　審理方式　家庭裁判所の審判または裁判は、基本的には１人の裁判官による単独制で行われるが、例外的に、合議体で審判または審理および裁判をする旨の決定を合議体で行った事件などについては、３人の裁判官から構成される合議制によって行われる（裁判所法31条の４）。家事事件および少年事件の判断は、「決定」または「命令」でなされる。決定・命令に対しては、抗告という上訴手段が認められる場合がある。

（5）簡易裁判所

　５－１　所在および構成　簡易裁判所は、全国に438か所設置されている。各簡易裁判所に相応な員数の簡裁判事が置かれている（裁判所法

32条）。簡裁判所は、軽微な訴訟事件について、簡易に処理する特別な手続を取り扱う。なお、民事訴訟は口頭で提起することもできる（民訴271条）。

5-2 裁判権等 簡易裁判所は、次の事項について第一審の裁判権を有する（裁判所法33条1項）。①民事事件については、訴訟の目的の価額が140万円を超えない請求事件、②刑事事件については、罰金以下の刑に当たる罪、および賭博、横領、窃盗などの比較的軽い罪の訴訟事件など。簡易裁判所は、管轄の刑事事件については、禁錮以上の刑を科することができない（同条2項）。この制限を超える刑を科するのを相当と認めるときは、事件を地方裁判所に移送しなければならないとされている（同条3項）。

5-3 審理方式 簡易裁判所におけるすべての事件は、1人の裁判官によって審理・裁判される（裁判所法35条）。通常訴訟以外に、民事事件については、支払督促手続、少額訴訟手続、民事調停手続があり、刑事事件については、略式手続がある。

支払督促手続は、裁判所書記官が債権者の金銭等支払い申請について、支払督促命令を発する簡易手続である（民訴法382条）。債務者が支払督促命令に対して異議を申し立てると、以後の手続は、通常訴訟手続へ移行することになる（同法395条）。

少額訴訟手続は、訴訟の目的の価額が60万円以下の金銭支払請求事件について、原則として1回の期日で審理を終えて直ちに判決を言い渡す簡易手続である（民訴法368条）。

民事調停手続は、裁判官1人、2人以上の民事調停委員によって構成される調停委員会（民調法6条）が、当事者双方の言い分を十分聴いて、解決するための合意を目指す手続である。調停で当事者間に合意が成立し、その内容が裁判所の作成する調書に記載されると、裁判所上の

和解と同一の効力を有することになる（同法16条）。つまり、調停調書をもとに強制執行手続ができる。

　略式手続は、被疑者に異議がないときに限り、検察官の請求により裁判所が公判を開かず、証拠書類だけを調べて、略式命令で、100万円以下の罰金または科料を科する簡易手続である（刑訴法461条の２・462条）。

3. 裁判手続

（1）裁判の三審制

　１－１　三審制の意義　日本の裁判制度では、第一審、第二審（控訴審）、第三審（上告審）という３つの審級を設け、訴訟当事者は誰でも、１つの事件につき、３つの審級の裁判所において、審理を受けることができる。これを「三審制」という。日本の裁判制度が三審制を採用している目的は、公正で慎重な裁判を行い、裁判の誤りを防ぎ、人権を守ることにある。

　１－２　三審制の仕組み　まず、第一審の裁判所に訴え、あるいは公訴を提起する。民事事件および刑事事件の場合には、地裁または訴額の低い事件や刑罰の軽い事件を扱う簡裁が第一審となる。第一審の裁判所の判決に不服がある場合には、第二審の裁判所に不服を申し立てることができる。これを「控訴」といい、この控訴事件を扱う裁判所を「控訴審」という。地裁民事・刑事および簡裁刑事の場合には高裁が、簡裁民事の場合には地裁が、その控訴事件を扱う裁判所となる。第二審の裁判所の判決にも不服がある場合は、さらに第三審の裁判所に不服を申し立てることができる。これを「上告」といい、この上告事件を扱う裁判所を「上告審」という。控訴裁判所が高裁の場合には最高裁が、控訴裁判所が地裁の場合（民事事件で第一審が簡裁の場合）には高裁が、上告事

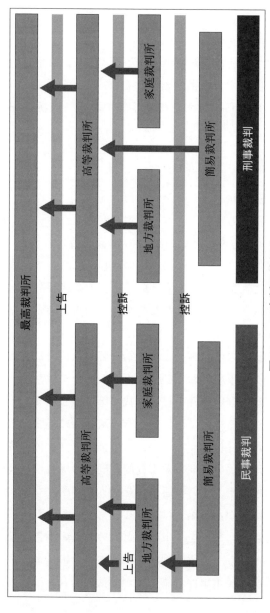

図10-1 三審制の仕組み

件を扱う裁判所となる。控訴と上告を併せて「上訴」と総称する。刑事事件について、控訴はすべて高裁が審理を行い、第一審が簡裁の場合でも、第二審は高裁、第三審は最高裁であり、民事訴訟とは異なることに注意が必要である。

　上告の理由は、民事・行政事件においては、憲法解釈の誤り、憲法違反または判決に影響を及ぼすことが明らかな法令違反などに限られ（民訴法312条）、刑事事件においては、憲法違反、憲法解釈の誤りまたは判例違反（刑訴法405条）および判決に影響を及ぼす重大な事実誤認（同法411条3号）に限られる。

　前述のとおり、判決に対する上訴方法は、控訴・上告であるが、決定や命令に対する上訴方法は抗告である。また、上訴は、裁判が確定する前の不服申立てであり、確定した後の不服申立てともいえる「再審」とは異なる。再審は、一定の要件のもとで確定判決の取消しと事件の再審理を求めることができる救済手続である。

　家庭裁判所が担当する家事事件および少年事件の裁判は、決定という形式でなされる。この判断に不服のある者は高等裁判所に「抗告」という不服を申し立てることができるが、家事事件と少年事件は、原則として高裁止まりとなっている。

　1－3　上級審と下級審の相互関係　憲法では、裁判官は、その良心に従い、独立して職権を行い、この憲法および法律にのみ拘束されると定められている（憲法76条3項）。したがって、下級の裁判所が上級の裁判所から指揮監督を受けることはなく、いずれの裁判所もそれぞれ独立して裁判権を行使する。もっとも、上級審（上告審・控訴審）の判断は、下級審の判断に優先し、上級審が事件を下級審に差し戻すと、上級審の裁判所の判断は、下級審の裁判所を拘束する（裁判所法4条）。これを羈束力という。

（2）裁判手続における重要な原則

裁判手続においては、以下の4つの重要な原則がある。

2−1　処分権主義　これは、訴訟の開始、審理・判決の対象の特定、訴訟の終了等につき当事者の主導権を認めてその処分に委ねる原則である。民事訴訟法では、処分権主義の下で、訴えがなければ裁判をすることができず、訴えの取り下げがあると裁判は終了する、というように、当事者が申し立てた事項の範囲内でのみ裁判をすることができるとされている。処分権主義は、後述の弁論主義とともに、私的自治の原則の訴訟上の表れである。

2−2　弁論主義　これは、民事訴訟法上、裁判所が判決をする際に判断の基礎となる事実および証拠については、当事者が主張・立証責任と権限をもつという原則である。弁論主義は、具体的には次の3つのルールからなる。

①当事者が主張しない事実は判決の基礎としてはならない。

②当事者間に争いのない事実はそのまま判決の基礎とする。

③争いのある事実を証拠によって認定する場合には、当事者が申し出た証拠方法によらなければならない。

2−3　職権探知主義　これは、裁判所が判決の基礎をなす事実の確定に必要な資料（訴訟資料）について、当事者の弁論に拘束されないで職権で事実の探知および証拠調べを行う立法上の立場である。人事訴訟や裁判権等公益に関わる事項の判断については、この立場が採用される（例えば、人事訴訟法20条、行政事件訴訟法24条）。

2−4　自由心証主義　これは、裁判をするのに必要な事実認定・証拠評価について、法的規制を設けず、裁判官の自由な判断に委ねるという考え方である。日本の民事訴訟法および刑事訴訟法では、自由心証主義を採用している（民訴法247条、刑訴法318条）。もっとも、自由心証

主義といっても、裁判官の全くの恣意的な判断を許すものではなく、その判断は論理法則や経験則に基づく合理的なものでなければならない。

（3）裁判員制度

3－1　裁判員制度の趣旨　裁判員制度は、国民の中から選ばれる裁判員が刑事裁判に参加する制度であり、司法制度改革の一環として平成21（2009）年5月21日に始まった。

　裁判員制度の趣旨は、国民の中から選ばれた裁判員が裁判官とともに刑事訴訟手続に関与することによって、司法に対する国民の理解の増進とその信頼の向上に資するためである（裁判員法1条）。

3－2　対象事件と合議体の構成　裁判員制度の対象となるのは、地方裁判所で審理される刑事事件のうち、殺人罪、強盗致死傷罪、現住建造物等放火罪、危険運転致死罪などの重大な犯罪の疑いで起訴された事件である。裁判員が参加する審理・裁判は合議体で、原則として裁判官3人と裁判員6人で構成される（裁判員法2条2項）。

３−３　裁判員の選任方法（裁判員法13条〜40条）

裁判員候補者名簿作り	前年の秋頃、地方裁判所ごとに、管内の市区町村の選挙管理委員会が、衆議院議員の選挙権を有する者の中からくじで選定して翌年の裁判員候補者予定者名簿を作成
候補者予定者に通知	翌年１年間に裁判員に選任される可能性がある旨を通知するとともに、就職禁止事由や客観的な辞退事由に該当しているかどうかなどを確認するため、調査票を送付
裁判員候補者の選定	裁判所は、事件ごとに裁判員候補者名簿の中からくじで裁判員候補者を選定
質問票とともに呼出状送達	裁判所は、選定された裁判員候補者に質問票と呼出状を送達
裁判員選任の手続	裁判長は、候補者に対し、個別に事件との利害関係や不公平な裁判をするおそれの有無、辞退の希望の有無・理由などについて質問
選任決定	最終的に事件ごとに裁判員６人を決定（必要な場合は補充裁判員も選任される）。選任された裁判員には、裁判長から裁判員の権限・義務その他必要な事項を説明

　3－4　裁判員の任務　裁判員に選ばれると、裁判官と一緒に地方裁判所の刑事裁判に参加し、公判廷（公開の法廷）に立ち会い、証拠書類を取り調べる他、被害者、被告人、証人等に対する質問を行うこともできる（裁判員法52条〜63条）。証拠調べ等が終わったら、今度は、裁判官と一緒に議論（評議）し、決定（評決）することになる。裁判員は、有罪・無罪の判断をするにとどまらず、有罪の場合にはどれぐらいの刑にするのか量刑を決める役割も担う（同法66条〜69条）。評決内容が決まると、法廷で裁判長が判決を宣告することになる。裁判員としての役割は、判決の宣告により終了する。裁判員には、評議の秘密を漏らしてはならないという守秘義務が課されている（同法70条）。

【学習のヒント】

1．日本の裁判制度では、国民の権利と自由はどのように守られているか。
2．日本の裁判制度で採用されている三審制は、どのような仕組みであるか。

参考文献

宍戸常寿編著『法学入門』（有斐閣・2021）
髙橋明弘『法学への招待〜社会生活と法〜〔第2版〕』（法律文化社・2020）
田中成明『法学入門〔新版〕』（有斐閣・2016）
武藤眞朗＝多田英明＝宮木康博『法を学ぶパートナー〔第4版〕』（成文堂・2020）

11 | 判例の基礎知識

《目標＆ポイント》 本章においては、判例の意義と役割、判例学習の必要
性、判決文の構造および判例評釈の読み方を理解する。
《キーワード》 判例、裁判例、判決、先例の拘束力、射程範囲

---

1. 判例の意義

　法令が現実の具体的な事件に適用される際には、その解釈をめぐって
争いが生じることが少なくない。判例は、実社会における法の解釈・法
の適用に大きな影響を及ぼしているため、法律学の学習では判例の理解
は不可欠である。

（1）判例とは何か

　法律学文献において「判例」という言葉をよく目にするが、判例とは
何か、「判例」と「判決」は何が違うのであろうか。判例とは、本来は
裁判上の先例をいうが、一般的に、同種の事件を裁判する際に先例とし
て拘束力をもつものである。これに対し、「判決」（「決定」を含む）
は、ある特定の事件について裁判所が下した法的判断である。判例は、
日本では、以下のように、大きく「狭義の判例」と「広義の判例」に分
類されている。
　1－1　狭義の判例　最高裁判所（明治憲法下の大審院を含む）の判

例という意味である。つまり、「判例」の主体が限定されている。法令の条文に「判例」という用語が記載される場合は、例えば、民事訴訟法318条（上告受理の申立理由）1項、刑事訴訟法405条（上告理由）2号と3号など、狭義の判例の意味で用いられている。最高裁判所の判例によって示された法的判断は、法令の条文に匹敵するほど法的規範性をもっている。実務上は、一般に高等裁判所以下の裁判所が出した判決を「裁判例」と称して、最高裁判所の判例とは区別する。

　1−2　広義の判例　裁判例全体を指し、すべての裁判所の裁判例という意味である。つまり、判例の主体が限定されていない。例えば、『判例時報』『判例タイムズ』などの雑誌名に掲載されている判例は、広義の判例である。高等裁判所以下の裁判例でも、同種の事件で同じような趣旨の判決が繰り返されると、その判決自体の重みが増し、その後の裁判に影響を与え、先例としての価値を有するようになる。本書での「判例」は、特に説明がある場合を除き、広義の判例を指すものとする。

（2）判例の拘束力

　「判例の拘束力」とは、その判決が示した法的判断が後に別の裁判の法規範となることをいい、「先例の拘束力」ともいう。判例主義を採用している英米法系諸国では、判例は法的拘束力を有する。しかし、大陸法系に属する日本では、憲法76条3項により、裁判官は、憲法および法律のみに拘束されることから、同種の事件につき、ある裁判所の判決が存在するからといって、他の裁判所はこれに拘束されないのが原則である。そのため、判例の先例的拘束力は、実定法上の明文で制度的に保障されているわけではない。

　しかしながら、裁判所法10条3号により最高裁判所がその判例を変更する際は大法廷で行わなければならないこと、刑事訴訟法405条や民事

訴訟法318条により下級裁判所が最高裁判所の判例に違反した場合には上告理由あるいは上告受理申立理由となること、裁判所法4条により上級審の裁判所の裁判における判断は、その事件について下級審の裁判所を拘束することなどから、その限りで、間接的ではあるものの、実定法上も判例に一定の先例的拘束力が認められている。そして、下級審が上級審の先例に拘束されるのみでなく、実際に、裁判所が類似事件について過去の裁判例を全く無視することもおよそあり得ない。また、上級審も自らの先例に拘束されている。もっとも、先例としての強い拘束力をもっているのは、最高裁判所の判例だけである。

(3) 判例の役割

　判例が拘束力を有する根拠としては、公平かつ平等性、法的安定性、予測可能性があげられる。すなわち、類似の事案について同じ法的判断がなされるのは公正であり、憲法の法の下の平等原則にも合致する。また、法的安定性の見地から、類似の事案について異なる法的判断がなされるのは好ましいことではない。さらに、類似の事案についての先例がある場合、裁判所がそれと同じような判断を示すであろうという予測を立てることもできる。

　また、日本法は、大陸法系に属し、成文法を基本として法体系が作られている。しかし、法令は、常に明確で欠缺のないものとして存在するわけではない。さらに、条文には抽象的な面もある。例えば、民法などでは、重大な過失に関する規定がある（民法95条・466条・505条等）。しかし、どのような場合に「重大な過失」と認められるべきかについては、明文の規定が設けられておらず、解釈に委ねられている。判例によると、「重大な過失」とは、ほとんど故意に近い著しい注意欠如の状態を指すものと解されている（大判大正2年12月20日民録19輯1037頁、最

三小判昭和32年7月9日民集11巻7号1203頁など）。

　このように、判例は、抽象的な法文を具体的に生じる事例に当てはめる際に、法令を補充したり、法令の空白を埋めたりしていく役割を果たしている。

2．判決の読み方

　判例を理解するためには、当然ながら、まず判決（民事裁判では「判決書」、刑事裁判では「裁判書」という）を読まなければならない。以下において、民事裁判の判決書を中心に重要な記載事項を取り上げて解説する。

　民事訴訟法によれば、判決書に記載すべき事項は、主文、事実、理由、口頭弁論終結の日、当事者および法定代理人、裁判所である（民訴法253条1項）。その他、判決年月日、事件番号、事件名、「判決」という表題、双方当事者とその訴訟代理人（弁護士）、および結論も実務上は必ず記載される。なお、裁判所には裁判官の氏名も含まれる。

（1）事件番号

　事件番号は、受理年・符号・番号から構成される（**表11-1参照**）。うち、受理年は必ず和暦とされ、符号は民事事件記録符号規程により裁判所および事件の種類によって決められている。事件番号から、おおよそどのような種類のものかがわかる。例えば、「令和××年（受）第△号」は、令和××年の△番目の上告受理事件という意味である。そして、この事件番号と裁判所名によって、判例や裁判例を特定することができる。

180

表11-1　各事件番号一覧

区分	地方裁判所	高等裁判所	最高裁判所
民事裁判	第一審訴訟事件 令和○年（ワ）第△号	控訴事件 令和○年（ネ）第△号	上告事件 令和○年（オ）第△号 上告受理事件 令和○年（受）第△号
行政裁判	第一審訴訟事件 令和○年（行ウ）第△号	控訴事件 令和○年（行コ）第△号	上告事件 令和○年（行ツ）第△号 上告受理事件 令和年（行ヒ）第△号
刑事裁判	公判請求事件 令和○年（わ）第△号	控訴事件 令和○年（う）第△号	上告事件 令和○年（あ）第△号

（2）事件名

　事件名は、訴状に記載されている「訴名」を参考にして付されるのが一般的である。民事事件では、例えば、「損害賠償請求事件」「養子縁組無効確認請求事件」「未払賃金等請求控訴事件」というように、請求内容を表す事件名が付けられる。一方、刑事事件では、例えば、「傷害致死被告事件」「道路交通法違反被告事件」「覚醒剤取締法違反被告事件」というように、罪名または違反する法律名を表す事件名が付けられる。

（3）当事者および訴訟代理人

　訴訟当事者およびその訴訟代理人の呼称については、**表11-2**の記載のとおり、民事裁判と刑事裁判では異なる。

　民事裁判では、第一審は原告と被告、第二審である控訴審では控訴人と被控訴人、第三審である上告審では上告人と被上告人と呼ぶ。一方、

刑事裁判では、第一審から上告審まで、当事者は、「検察官」と「被告人」と表示される。

表11-2　当事者、訴訟代理人の呼称

区分	民事訴訟	刑事訴訟
当事者の表示	原告、控訴人、上告人	検察官
	被告、被控訴人、被上告人	被告人
訴訟代理人の表示	訴訟代理人弁護士	弁護人

（4）主文

主文は、裁判の結論を示す核心部分である。主文の種類は、**表11-3**に記載されているとおりである。

表11-3　主文の種類

区分	民事訴訟判決書主文の種類	刑事訴訟裁判書主文の種類
第一審	①認容、一部認容 ②棄却、一部棄却 ③却下	①有罪、一部有罪 ②無罪、一部無罪 ③却下
控訴審	①取消差戻し、取消自判等 ②控訴棄却、一部棄却 ③控訴却下、一部却下	①破棄差戻し、破棄自判等 ②控訴棄却、一部棄却 ③控訴却下、一部却下
上告審	①破棄差戻し、破棄自判等 ②棄却 ③不受理	①破棄差戻し、破棄自判等 ②棄却 ③不受理

4－1　民事裁判

ア．第一審の主文について　①「認容」は、原告の請求に理由があるとして認められた場合に下される判決であり、原告勝訴（被告敗訴）の

182

意味である。主文においてその内容が示される。損害賠償請求事件の場合は、さらにその金額が示される。例えば、「被告は、原告に対し、300万円を支払え。」と示される。原告の請求の一部に理由がある場合は、一部認容・一部棄却の判決となる。例えば、1000万円の請求に対して500万円が認められた場合がこれにあたる。また、主文の中に、「仮に執行することができる」といった文言が入る場合があるが、これを「仮執行宣言」といい、判決が確定する前に、仮に強制執行することを認めるものである。

②「棄却」は、原告の請求に理由がないとして退ける判決であり、すなわち、原告敗訴（被告勝訴）の意味である。主文は、「原告の請求を棄却する。」となる。

③「却下」は、訴訟要件が欠け、訴えの提起が不適法な場合に、請求についての審理に立ち入らない判決（いわゆる「門前払い判決」）である。主文は、「本件訴えを却下する。」となる。

　イ．控訴審の主文について　①「取消差戻し、取消自判等」は、第一審判決が不当であるとき、または第一審判決の手続が法律に違反したときに、第一審判決が取り消されるものである。主文は、「原判決を取り消す。」となる。控訴審の裁判所は、原判決を取り消した場合には、事件を第一審裁判所に差し戻して審理をやり直させることも、自らそのまま判断する（これを通称「自判」という）こともできるが、自判が原則である。

②「控訴棄却」は、審理の結果、第一審判決と同じ結論となり、控訴を退ける判決である。主文は「本件控訴を棄却する。」となる。

③「控訴却下」は、控訴自体が不適法である場合に控訴を却下する判決である（第一審の場合と同様）。主文は、「本件控訴を却下する。」となる。

　なお、第一審を含め、認容と棄却の判決を「本案判決」という。これに対し、訴え却下の判決を「訴訟判決」という。

　ウ．上告審の主文について　①「破棄差戻し、破棄自判等」は、上告には理由がある、すなわち、原判決について憲法違反や法律に定められた訴訟手続の重大な違反事由が存在すると判断された場合は、原判決が破棄（上告審では、「取消」ではなく、「破棄」という）の上で「差戻し」または「自判」とされる。破棄差戻しの場合には、主文は、「原判決を破棄する。本件を○○高等裁判所に差し戻す。」となる。破棄自判の場合には、主文は、「原判決を破棄する。」とした上で、自判の内容を示す。

　②「棄却」は、上告には理由がなく原判決（控訴審判決）を維持する場合の判決である。主文は、「本件上告を棄却する。」となる。

　③「不受理」は、上告自体が不適法である場合の「上告却下」である。主文は、「本件を上告審として受理しない。」となる。

　なお、民事裁判の判決書の主文には、訴訟費用の負担についても記載される。基本的には敗訴した側が訴訟費用を負担するが、当事者双方が一定の割合を負担する場合もある。なお、訴訟費用には、訴状やその他の申立書に収入印紙を貼付することで支払われる手数料、郵便料および証人の旅費、日当、宿泊料があるが、弁護士費用は含まれない（民訴費用法2条）。

　4－2　刑事裁判　第一審判決は、被告人が有罪（有罪判決）、無罪（無罪判決）のいずれかになるのが普通である。有罪の場合には、「被告人は有罪である」と言い渡すのではなく、刑の免除の場合を除いて刑が言い渡される。つまり、主文において、懲役刑、禁錮刑、罰金刑などの具体的な宣告刑や、必要に応じて、未決勾留日数の算入が明記される。例えば、「被告人を懲役○年に処する。未決勾留日数中○日をその刑に

算入する。」となる。「未決勾留日数」とは、犯罪容疑で勾留されてから判決が確定するまでの間、拘置所などで身柄拘束を受けていた日数のことである。

　さらに、労役場留置、刑の執行猶予・保護観察、没収・追徴、訴訟費用の負担等について明記されることもある。例えば、「被告人を懲役○年に処する。この裁判が確定した日から○年間その刑の執行を猶予する。」という主文になる。

　無罪の場合には、主文は、「被告人は無罪。」となる。一部無罪の場合には、主文は「…の点につき、被告人は無罪。」となる。

　刑事裁判の控訴審と上告審の主文の種類は、概ね民事裁判と同様であるが、刑事裁判では、控訴審でも「取消」ではなく、「破棄」というところが異なる。

（5）事実

　事実には、当事者間に争いのない事実、争点と当事者の主張等が記載されている。第一審と控訴審が事実認定を行うのに対して、上告審は、事実審ではなく法律審であるので、原則として事実認定に関する記載はないこととなっている。なお、民事裁判では、「事実及び理由」としてまとめられることが通例である。

（民事裁判における第一審・控訴審判決書該当部分の様式）

> 事実及び理由
> 第1　請求（控訴審の場合は「控訴の趣旨」）
> 　……
> 第2　事案の概要
> 　……
> 争点及びこれに対する当事者の主張
> 　……

うち、「請求」は、原告または控訴人の主張の結論となる部分である。「事実の概要」では、事件がどのような類型の争いであるか、本件での争点および当事者双方の主張がどのようなものかが簡潔にまとめられている。

（6）理由

理由の部分では、主文を導き出すに至った当該事件の事実認定と、それに基づく当該裁判所の法的判断、すなわち法の解釈および適用が示される。

（第一審・控訴審判決書該当部分の様式）

> 第3　当裁判所の判断
> 　1　争点（1）……について
> 　　……
> 　2　争点（2）……について

6-1　民事裁判の場合　民事裁判では、刑事裁判と異なり、当事者間で争いのない事実については、証拠による証明を要することなく、そのまま法的判断の前提事実となる。民事裁判の控訴審の判決書では、事実および理由の記載について、第一審の判決書の記載内容を引用することができるとされている（民訴規184条）。

上告審判決は、上告人が原判決を不服として上告した点（上告理由）についてのみ判断するのが原則である（民訴法320条）。最高裁判所は、事実審ではなく、法律審であるので、最高裁判所の判決の書き方は、第一審判決や控訴審判決の書き方とは異なる。一般には、主文→上告人の上告理由→原審の判断→最高裁の判断という順に記載されている。

6-2　刑事裁判の場合　刑事裁判では、理由において、罪となるべき事実、証拠の標目および法令の適用を示さなければならない（刑訴法335条1項）。「証拠の標目」とは、有罪判決の理由の中に示すべき、有罪を認定するのに用いた証拠の標題、種目という意味である。そして、「法令の適用を示さなければならない」趣旨は、何人も、法律の定める手続によらなければ、刑罰を科せられないとする日本国憲法31条の要請に基づくものであり、罪刑法定主義の原則（→第12章204頁参照）が反映されている。

6-3　主論と傍論　「主論」とは、判例（最狭義の判例）という名に値する判断部分をいう。基本的には、判決理由中で当該事案の法的論点に対する結論を示した命題の部分である。これに対して、「傍論」とは、判決における裁判官の意見のうち判決理由を構成しない部分をいう。判決理由と異なり、判決の先例としての拘束力をもたない。もっとも、後の判決に事実上影響をもつことが少なくない。

6-4　個別意見　最高裁判所の判決では、下級審の判決とは異なり、判決書または裁判書には、各裁判官の意見を表示しなければならないとされている（裁判所法11条）。最高裁判所の判断は、多数意見を形成した裁判官の意見により構成される。多数意見による理由付けは、「よって、裁判官全員一致の意見で、主文のとおり判決（決定）する。」と締めくくられる。そして、少数意見がある場合には、少数意見が付された上で、少数意見を述べた裁判官も含め、全員の氏名が記載される。

少数意見は、補足意見、意見、反対意見に分類される（表11-4参照）。このうち、補足意見と意見は、多数意見と結論的に一致している点では同じである。もっとも、「補足意見」は、理由付けも多数意見に基本的に賛成であるものの、さらに理由を付け加えるものである。これに対し、「意見」は、その結論を導いた理由が多数意見と異なる場合に

付するものである。一方、「反対意見」は、文字通り、多数意見と結論が異なる意見である。結論が異なるわけであるから、もちろん、その理由付けも異なる。

表11-4　少数意見の分類

補足意見	法廷意見の結論に賛成した上で、さらに理由を付け加える意見
意見	法廷意見の結論に賛成であるが、その理由が異なる意見
反対意見	法廷意見の結論に反対する意見

少数意見自体は、判例を構成するものではなく、下級審に対しても以後の最高裁判例に対しても拘束力をもつわけではない。しかし、各裁判官の意見は、当該裁判以降の動向に実質的な影響を及ぼすことがある。そのため、少数意見にも注目する必要がある。

3. 判例評釈の読み方

（1）判例評釈読解の意義

判例評釈は、裁判所で重要な判決が下されたときに、研究者や実務家がその判決について解説・批評するものであり、「判例研究」「判例批評」「判例解説」とも呼ばれる。うち、「判例解説」というときには、執筆者の私見を抑えた客観的な説明が多い。

判例評釈の目的は、①先例規範としての意義、拘束力、射程範囲の分析、②裁判中に表明されている法律論の研究ないし批評、③裁判の政治的・経済的・社会的背景・影響等の考察、④裁判過程の研究である。

判例評釈は、法律学文献の中で重要な位置付けとされ、研究者、実務家にも参考となっている。説得力のある批評が最高裁判所の考え方に影響し、判例変更を促すことに繋がることもある。したがって、判例評釈の読解は、判例の学習において不可欠で有意義なことであろう。

188

（2）最高裁判所判例解説

2－1　最高裁判所判例解説の執筆者　最高裁判所判例解説は、当該
事件の調査を担当した調査官が個人の名義で執筆するものである。第10
章でも説明したが、最高裁判所には調査官という裁判官の裁判を補佐す
る職がある。最高裁判所の調査官は、下級裁判所での実務経験が10年以
上の裁判官から任命され、担当する事件について、記録を調査し、論点
を明らかにし、それに関係する判例・学説等を調べ、その調査結果をま
とめて各裁判官に報告する。したがって、最高裁判所判例解説は、最も
権威のある解説として常に注目される。

2－2　最高裁判所判例解説の構成　最高裁判所判例解説は、大きく
分けて、「判示事項」、「判決要旨」（決定要旨を含む）および「解説」
から構成される。判示事項、判決要旨は、判決文にはなく、最高裁判所
判例集[1] に掲載する際に、判例委員会[2] が判決を紹介する便宜上、付す
るものである。

「判示事項」では、その判決・決定が扱った事項の結論を簡潔に示し
ている。そして、「判決要旨」では、当該事件で問題となる法的論点、
これらの論点についての結論が記載される。判示事項も判決要旨もそれ
自体が判例となるわけではないが、判決文の内容を理解する上で役に立
つであろう。そして、「解説」においては、当該裁判の要旨・事案の概
要を示し、問題の所在、原判決の判断、過去の判例・裁判例および学説
の状況、当該判決の考え方、意義等をあげて詳細に解説される。

---

1) 最高裁判所判例集（民事、刑事）には、表題部分（事件名、当事者等）、判示
事項、判決要旨、参考条文、最高裁判所判決および第一審判決、第二審判決の
順に掲載されている。また、判決文において要旨となる部分の下に線が引かれ
ている。これを「線引き」という。線引きは、判決の原文に下線が引いてある
わけではなく、判例委員会で判例集登載が決定される際に、併せて決定された
ものである。

2) 最高裁判所に判例委員会が設置されている。判例委員会は、各小法廷からの委
員7名以内で構成される。同判例委員会は、月に1度開催され、判例の最高裁
判所判例集（民事・刑事）への登載の可否、および登載する場合の判示事項、
判決要旨等について審議し、決定する。

（3）判例解説以外の判例評釈

３－１　判例評釈の構成　研究者や実務家が執筆する判例評釈は、一般的に「事実の概要」「判旨」および「評釈」（研究）から構成される。

「事実の概要」において、通常、当事者間に争いがない事実および裁判所が認定した事実の中から、当該判決を理解するために必要と考えられる事実がまとめられている。

「判旨」の横には、「請求認容。」「請求棄却。」「原判決破棄、請求棄却。」など、判決の結論が記載される。「判旨」の内容は、判決の法律判断の部分が抜粋されたものである。

「評釈」あるいは「研究」の横には、通常、「判旨に賛成する。」「判旨の結論には賛成であるが、その理由に疑問がある。」「判旨は不当である。」など評釈の結論が明記される。そして、「評釈」は、以下の要素から構成されるのが一般的である。すなわち、①本判決の意義、②判例法上の位置付け、③下級審裁判例の動向、④学説の状況、⑤判旨の評価、⑥判例の射程、⑦残された問題、等である。

３－２　本判決の意義と判例法上の位置付け　判例評釈の「はじめに」等において、当該判決が、どのような問題について、いかなる先例規範を確立したものか、従来の判例・裁判例との関係でどのような意義を有するか、従来の判例または裁判例を踏襲したものなのか、新たな判断を示したものなのかなどについて説明される。

３－３　下級審裁判例の動向と学説状況　下級審判決は拘束力を有しないものの、多くの場合は先行する裁判例の影響を受けている。同様の理由付け・法律論がその後の下級審裁判例でもそれを踏襲して繰り返し採用される場合には、さしあたって、判例としての意義は大きいものと思われる。また、判例は、通説的な考え方に沿ったものが多いが、有力な学説が判例に影響を与えることは十分にあり得る。最高裁判所の判決

により判例法理が確立するまでは、学説上の議論が展開されているという状況がしばしばみられる。そのため、判例評釈においては、通常、従来の下級審裁判例の動向や学説の状況が整理・分析されている。

3－4　判旨の評価および判例の射程　判旨の評価といっても、単に賛成・反対という意味ではない。判例評釈の本論では、判旨をどのように理解すべきか、判例の射程範囲（その判例を適用できる範囲）がどこまで及ぶかについて、詳細に分析される。最高裁判所の判例は先例として拘束力を有するが、具体的に判決文のうちのどこが拘束力をもつか、判例の射程がどこまで及ぶかを明らかにするのは、判例評釈の重要な目的の1つである。最後に、残された問題とされる部分で論じられるのは、当該判決に関連して指摘しておくべきだと評釈者が考えているがまだ明らかになっていない課題である。もっとも、この部分は、判例評釈に不可欠ではないため、公表媒体などの制約により、カットされることもある。

3－5　判例を読むポイント　判例を読むポイントは、以下の3つのようにまとめられる。

①**判例の事実関係を注意深く読むこと**　判例は事実関係を前提として判断されたものであるから、判例を正しく理解するためには、まず、当該事件の事実関係がどうなっているか、何が争点となるかを把握する必要がある。なお、ここにいう事実関係とは、訴訟当事者双方が主張するものではなく、裁判で認定された事実であることに留意されたい。

②**判例の法的判断を正確に理解すること**　その判例が下した法的判断について、どのような根拠に基づいてどのような理論構成によるか、関連法律をどのように解釈しているか、従来の判例・裁判例を踏襲したものか、どの学説を採用しているかなどを正確に理解することが大切である。

③判例の位置づけと射程範囲を確認すること　その判例は、従来の判例または裁判例の流れの中にあるものなのか、新たな法的判断を示したものなのか、どの部分が先例としての意味をもつか、すなわち、将来の類似事件への適用が可能か、社会への影響につきどのように評価されているか、そして、残された課題があるかを確認することが必要である。

　なお、以上のポイントは、通常、判例評釈にも書かれているので、判例を読む際に関係する判例評釈を活用しよう。

【学習のヒント】
1．判例・裁判例・判決の違いは何であるか。
2．なぜ判例評釈が必要か、最高裁の判例解説とそれ以外の判例評釈の違いを考えてみよう。

参考文献

中川善之助＝林屋礼二編『判例による法学入門』（青林書院・1985）
武藤眞朗＝多田英明＝宮木康博『法を学ぶパートナー〔第4版〕』（成文堂・2020）
弥永真生『法律学習マニュアル〔第4版〕』（有斐閣・2016）
山田卓生『法学入門』（信山社・2013）

12 公法の概要

《**目標&ポイント**》 本章においては、日本国憲法についてその全体像、法体系における位置づけ、三大基本原理、国民の権利義務、基本的人権の分類を、行政法について行政法の構成およびそれぞれの機能を、刑法について刑法の基本原則、犯罪の成立要件を理解する。
《**キーワード**》 平和主義、最高法規、行政組織法、行政作用法、行政救済法、罪刑法定主義、犯罪の成立要件

　本章では、公法の中から、その代表として憲法、行政法および刑法を取り上げてそれぞれの概要を解説する。

1. 憲法の概説

(1) 日本国憲法の全体像
　日本国憲法は、昭和21 (1946) 年11月3日に公布され、昭和22 (1947) 年5月3日に施行された（以下、憲法または単に条名のみを記す場合は日本国憲法のものとする）。憲法は、日本の法体系における最高法規に位置づけられ、その条規に反する法律や政令などの国家行為は無効となる（98条1項）。憲法は、前文と本文11章103箇条から構成され、その主要な内容は、以下のとおりである。
　1－1　前文　憲法を制定する趣旨・目的、基本原理を示しており、本則各条項の解釈指針や理念となる。特に、第二次世界大戦直後という歴史的背景から、平和主義を強調し、悲惨な戦争を二度と繰り返さない

という強い決意を込めている。さらに、自国の主権を維持するとともに、他国との共存を重視する国際協調主義を提唱している。

1－2　天皇　第1章は天皇に関する事項を定めている。天皇の地位は、主権の存する国民の総意に基づく日本国民統合の象徴である（1条）。皇位は世襲であり、皇位継承は皇室典範による（2条）。天皇は、憲法に定められた国事に関する行為のみを行い、国政に関する権能を有しない（4条）。それゆえ、国外に向かって国家を代表する地位を有する元首ではない[1]。天皇の国事行為は、憲法6条、7条および4条2項に定められ、具体的には以下のとおりである。

①国会の指名に基づいて、内閣総理大臣を任命すること。

②内閣の指名に基づいて、最高裁判所長官を任命すること。

③憲法改正、法律、政令および条例を公布すること。

④国会を召集すること。

⑤衆議院を解散すること。

⑥国会議員の総選挙の施行を公示すること。

⑦国務大臣および法律の定めるその他の官吏（最高裁判所判事、高等裁判書長官、検事総長、人事官、特命全権大使・公使）の任免ならびに全権委任状および大使・公使の信任状を認証すること。

⑧大赦、特赦、減刑、刑の執行の免除および復権を認証すること。

⑨栄典を授与すること。

⑩批准書および法律の定めるその他の外交文書を認証すること。

⑪外国の大使および公使を接受すること。

⑫儀式を行うこと。

⑬国事行為を委任すること。

天皇のすべての国事行為について、内閣の助言と承認が必要とされ、その責任は内閣が負う（3条）。

1）明治憲法では、天皇は国の元首であり、主権者であり、神聖不可侵の存在であった。

1－3　戦争の放棄　第2章は「戦争の放棄」と題し、1条のみを置き、憲法の基本原理の1つである平和主義を条文化し、①戦争放棄、②戦力不保持、および③交戦権の否認を定めている（9条）。

1－4　国民の権利と義務　第3章は国民の権利として、11条・97条の基本的人権尊重の理念に従って、幸福追求権（13条）、法の下の平等権（14条）の他、自由権・社会権・参政権・国務請求権をあげている。一方、国民の義務として、子女に普通教育を受けさせる義務（26条2項）、勤労の義務（27条1項）、納税の義務（30条）を定めている。これは、憲法が国民に対して課す三大義務と呼ばれる。

1－5　三権分立　第4章～第6章は三権分立制を採用し、立法権、行政権、司法権を分離させている。立法権を国会（41条）に、行政権を内閣（65条）に、司法権を裁判所（76条）にそれぞれ付与し、機関同士を相互に牽制させ、抑制均衡を保つようにしている。三権分立制の趣旨は、権力の一極集中による恣意的な行使を防止するところにある。

1－6　財政規定　財政は国家の骨格である。第7章は財政民主主義の基本原則（83条）、歳入・租税法定原則（84条）、予算・決算承認原則（86条・90条）を定めている。

1－7　地方自治　第8章は地方自治の一般原則として、地方公共団体の組織および運営に関する事項を、地方自治の本旨に基づいて法律で定めるとする（92条）。「地方自治の本旨」は、団体自治と住民自治の2つの原則からなる。

（2）憲法の三大基本原理

憲法の条規は、以下の3つの基本原理を根拠としている。

2－1　国民主権　国家の意思や政治のあり方を最終的に決定する権利、すなわち国政の最高決定権が国民にあることを意味する（憲法前

文・第１条）。全国民の代表が構成する国会が政治の中心となる仕組み（代表民主制）、国民が自ら国政に参加できるという制度、憲法改正の権限が最終的に国民にある（96条１項）ということは、国民主権の原理の表れでもある。また、国民主権には、戦前の専制君主制（天皇制）を否定するという意味も含まれている。

　２－２　基本的人権の尊重　人間として当然に有しており（固有性）、国家といえども侵すことのできないということ（不可侵）、人間であれば人種、性別、身分や社会的地位に関係なく誰でも共有できる（普遍性）永久の権利を尊重することを意味する（憲法11条・97条）。

　２－３　平和主義　「戦争放棄」「戦力の不保持」「交戦権の否認」から構成され（憲法９条）、世界中の憲法でも類を見ない平和主義を採用している。平和でなければ、人の生命・財産・人権は保障できない。これは、大東亜戦争（太平洋戦争、1941–1945年）において、日本が他国を侵略し人権侵害を行ったこと、逆に、原爆投下などによって日本が人権侵害を被った惨禍が証明している。

（３）基本的人権の分類

　憲法の定める人権は、**図12-1**のように、平等権、包括的人権、自由権、社会権、参政権および国務請求権に分類することができる。

　３－１　平等権　憲法では法の下の平等の基本原則を宣言し（14条１項）、貴族制度の否認（同２項）、栄典授与の制限（同３項）、選挙における平等（15条３項、44条）、婚姻における男女平等（24条）、教育の機会均等（26条１項）の規定を設け、法の下の平等原則の徹底化を図っている。

　３－２　包括的人権　憲法13条で、国民が「生命、自由及び幸福追求に対する国民の権利」を有することを規定している。これが幸福追求権である。かかる規定は、基本的人権の尊重を包摂する趣旨から、包括的

な人権保障規定としての性格を有すると解される。憲法制定当時に考えられていなかった新しい人権をカバーするという役割を果たしている。例えば、私生活の平穏を保護するプライバシー権（肖像権、名誉権を含む）、日照権をはじめとする環境権、医療拒否などに関する自己決定権などをあげることができよう。

3－3　自由権　個人の自由を国家権力の介入、干渉によって侵害されない権利であり、「国家からの自由」ともいわれる。基本的人権の中核的位置を占め、精神的自由、経済的自由、身体の自由に大別される。

精神的自由としては、思想・良心の自由（19条）、信教の自由（20条）、表現の自由（21条）、学問の自由（23条）が、経済的自由としては、居住・移転の自由（22条）、職業選択の自由（22条）、財産権の保障（29条)が、そして、身体的自由としては、奴隷的拘束・意に反する苦役の禁止（18条）、刑罰を科す際における法定手続の保障（31条）、裁判を受ける権利（32条）、逮捕に対する保障（33条）、拘留・拘禁に対する保障（34条）、住居の不可侵（35条）、拷問・残虐な刑罰の禁止（36条）、刑事被告人の権利（37条）、黙秘権の保障（38条）、遡及処罰の禁止・一事不再理（39条）、刑事補償（40条）が、それぞれ規定されている。

3－4　社会権　国に対して一定の公共的な配慮を求めることができる権利であり、「国による自由」ともいわれる。憲法では、生存権（25条）、教育を受ける権利（26条）、勤労の権利（27条）、労働基本権（28条）が、社会権として保障されている。

3－5　参政権　国民が国政（国の政策）形成過程に参加する権利、すなわち、国民が主権者として、直接または代表を通じて、国、地方公共団体の政治に参加する権利であり、「国家への自由」ともいわれる。参政権には、選挙権・被選挙権（15・44条）、公務員の選定罷免権（15条）、国民審査権（79条）がある。

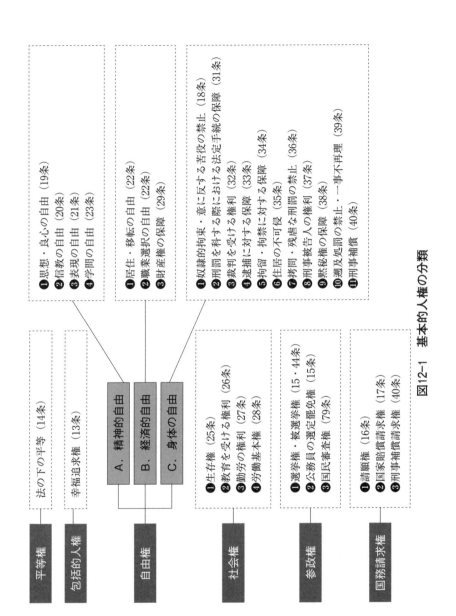

図12-1　基本的人権の分類

平等権
法の下の平等（14条）

包括的人権
幸福追求権（13条）

自由権
- A. 精神的自由
  - ❶思想・良心の自由（19条）
  - ❷信教の自由（20条）
  - ❸表現の自由（21条）
  - ❹学問の自由（23条）
- B. 経済的自由
  - ❶居住・移転の自由（22条）
  - ❷職業選択の自由（22条）
  - ❸財産権の保障（29条）
- C. 身体の自由
  - ❶奴隷的拘束・意に反する苦役の禁止（18条）
  - ❷刑罰を科する際に受ける法定手続の保障（31条）
  - ❸裁判を受ける権利（32条）
  - ❹逮捕に対する保障（33条）
  - ❺拘留・拘禁に対する保障（34条）
  - ❻住居の不可侵（35条）
  - ❼拷問・残虐な刑罰の禁止（36条）
  - ❽刑事被告人の権利（37条）
  - ❾黙秘権の保障（38条）
  - ❿遡及処罰の禁止・一事不再理（39条）
  - ⓫刑事補償（40条）

社会権
- ❶生存権（25条）
- ❷教育を受ける権利（26条）
- ❸勤労の権利（27条）
- ❹労働基本権（28条）

参政権
- ❶選挙権・被選挙権（15・44条）
- ❷公務員の選定罷免権（15条）
- ❸国民審査権（79条）

国務請求権
- ❶請願権（16条）
- ❷国家賠償請求権（17条）
- ❸刑事補償請求権（40条）

3－6　国務請求権　自由権が国家権力に不作為を求める権利であるのに対し、「国務請求権」は国民が自己の利益の実現のため国家に積極的な作為を求める権利であり、「受益権」ともいう。国務請求権には請願権(16条)、国家賠償請求権（17条）、刑事補償請求権（40条)がある。

2.　行政法の概説

「行政法」とは、行政の活動の準則や組織のあり方などを定める法律の総称である。民法や刑法のように「行政法」という題名の法典は存在しない点が、行政法学の特徴である。行政法は、実際の法令の中で条文という形で表現されており、一般的には、「行政組織法」「行政作用法」「行政救済法」の３部門に分類される。

（1）行政組織法

１－１　国家行政組織　国家行政組織およびその運営に関する主要な根拠法には、内閣法、国家行政組織法などがある。行政組織のために置かれる国の行政機関は、府、省、委員会および庁からなる（中央省庁と総称）。府は内閣府のみで、内閣府の長は総理大臣である。各省の長は、それぞれ「各省大臣」といい（国家行政組織法５条１項）、国務大臣の中から内閣総理大臣が命じ、または、内閣総理大臣自らそれに任じる（同条３項）。委員会および庁は、内閣府・省の直属であるが、その内部部局の外に置かれて特殊な任務を所管する組織であるため、外局とされる（内閣府設置法49条１項、国家行政組織法３条３項）。委員会の長は委員長、庁の長は長官と呼ばれる。日本の行政機関は、原則として内閣に属するが、会計検査院は内閣に属さない唯一の行政機関である。

１－２　地方自治組織　地方自治の一般原則として、地方公共団体の組織およびその運営に関する事項は、地方自治法で定められる。「地方

公共団体」とは、国の下に、国の領土の一部をその区域とし、当該区域内において自治権を有する団体をいう。地方公共団体には普通地方公共団体と特別地方公共団体の2種類がある。市町村と都道府県は「普通地方公共団体」である[2]。地方公共団体には、議事機関として議会、執行機関として長（知事・市町村長）、委員会および委員が置かれる。議会の議員と長は、住民から直接選挙によって選出される（地治法17条）。

　1－3　国家公務員・地方公務員　公務員は、大きく分けて「国家公務員」と「地方公務員」の2種類がある。それぞれについて、国家公務員法と地方公務員法で定められている。国家公務員法、地方公務員法ともに、公務員に関する明確な定義規定を置いていない。国家公務員は、国家機関や行政執行法人に勤務する者を指す。例えば、厚生労働省、法務省、外務省などの省庁や裁判所の職員である。地方公務員は、地方機関に勤務する者を指す。例えば、都道府県庁や市役所の職員、警察官や消防官も地方公務員である。

（2）行政作用法

　「行政作用法」とは、国または地方公共団体の行政主体が行政目的を実現するために、国民や住民に対して行う各種の行政活動に関する法をいう。行政機関は公共的課題の解決のため、様々な活動形式を用いる。主に次にあげられる行政行為、行政立法、行政指導、行政計画、行政契約、行政上の義務履行確保の6種類である。

　2－1　行政行為　行政庁が、法律によって認められた権限を行使し、一方的な判断によって市民の権利義務を変動させる行為をいう。ここでいう「行政庁」とは、行政主体の意思を決定し、これを外部に表示する権限を有する行政機関のことをいう。行政行為の代表的なものとして、下命・禁止、許可、特許、認可、確認の5つがある。

---

　2)　特別地方公共団体には、特別区、財産区、地方開発事業団などがある。

2－2　行政立法　行政機関が、法律の趣旨を具体化する形で、法律の委任を受けて、行政活動の行動基準を自ら定めることがある。このような規範定立を「行政立法」といい、内閣が政令を制定し、各大臣が府令・省令を制定する。一方、地方公共団体が条例・規則を定めることを自治立法という。

　行政立法は、「法規命令」と「行政規則」に大別される。「法規命令」とは、行政機関の定める一般的・抽象的な規範のうち、国民に対する法的拘束力のある規範のことをいう。他方、「行政規則」とは、通達や裁量規準などのように、国民に対する法的拘束力をもたない。通常は、行政内部にのみ通用する規範のことをいう。

2－3　行政指導　行政機関がその任務または所掌事務の範囲内において、一定の行政目的を実現するために、指導、助言・勧告といった非権力的手段により国民に働きかけてその協力を求める作用を「行政指導」という。行政行為が権力的に行われるのに対して、行政指導は、形式上は法的拘束力もないため、法律の根拠なく行うことができる。例えば、新型コロナウイルスまん延防止等重点措置として県内に所在する飲食店等の施設管理者に対して、営業時間の短縮等の要請を行う場合は、行政指導に該当すると考えられる。

2－4　行政計画　行政機関の策定する計画で、一定の行政目標を設定し、その目標を実現するための手段を総合的に定めるものである。行政計画は法律の根拠により策定されることが多い。行政計画は、広範囲の住民の権利に関わるものであるため、行政計画の策定には、住民などの利害関係人を保護するための民主的な手続が必要と考えられる。例えば、都市計画の案について公聴会の開催等住民の意見を反映させるために必要な措置を講ずるものとされる（都市計画法16条１項）。

2－5　行政契約　行政主体（国や地方公共団体）が締結する契約で

ある。行政主体相互間の契約もあれば、行政主体と私人との間の契約もある。行政契約は、対等な立場で当事者の意思の合致によって成立する契約であるから、非権力的な行為である。

2－6　行政上の義務履行確保　行政機関が行政目的を実現するために国民に対して行う強制手段の総称である。行政上の義務履行確保には、国税徴収法に基づく行政上の強制徴収と、行政代執行法に基づく代執行がある。

「代執行」とは、他人が代わってなすことのできる作為義務（代替的作為義務）について、義務者がこれを履行しない場合に、行政庁が自ら義務者のなすべき行為を代行し、または第三者にこれを行わせ、その費用を義務者から徴収する制度のことである（行政代執行法2条）。例えば、違反建築物に対する除去命令に期限内に従わない場合、特定行政庁が自ら、または第三者をして代執行を行うことができると定められている（建築基準法9条12項）。

（3）行政救済法

行政活動は法律に基づいて適切に実行されるべきものであるが、実際には、違法または不当に行われて、国民の権利・利益を侵害すること、あるいは、適法に行われた場合であっても、社会的利益のために特定個人の権利を制限する結果になることがある。こうした行政活動に伴う権利・利益の侵害に対して与えられる法的救済のことを「行政救済」という。

行政救済の方法には、行政訴訟、行政上の不服申立て、および国家補償がある。行政事件訴訟法（行訴法）、行政不服審査法（行審法）、国家賠償法（国賠法）は行政救済制度の中核をなす法律であり、「救済三法」と総称される。

3－1　行政訴訟　裁判所に出訴して行政庁の処分等の取消しなどを

求めるのが行政訴訟である。行政事件訴訟法は、行政訴訟の手続に関する基本法であり、抗告訴訟、当事者訴訟、民衆訴訟、機関訴訟の4つの訴訟類型を定めている（行訴法2条）。

ア．抗告訴訟　行政庁の公権力の行使に関する不服の訴訟である（行訴法3条1項）。抗告訴訟として、①処分の取消訴訟、②裁決の取消訴訟、③無効等確認訴訟、④不作為の違法確認訴訟、⑤義務付け訴訟、⑥差止訴訟の6類型がある（同条2項〜7項）。

イ．当事者訴訟　当事者同士が対等な立場で法律関係を争う場合の訴訟であり、形式的当事者訴訟と実質的当事者訴訟の2種類に分かれる（行訴法4条）。前者は、当事者間の法律関係を確認し、または形成する処分もしくは裁決に関する訴で、法令の規定によりその法律関係の当事者の一方を被告とする訴訟である。例えば、土地収用法に基づく損失補償に関する訴訟などがこれに該当する。後者は、公法上の法律関係に関する訴訟である。例えば、公務員の身分の確認訴訟や公務員の給与の支払請求訴訟などがこれに該当する。

ウ．民衆訴訟　国または公共団体の機関の法規に適合しない行為の是正を求める訴訟であり、自己の法律上の利益と関わりなく提起できるものをいう（行訴法5条）。例えば、選挙無効・当選無効の確認訴訟（公選法204条）や地方公共団体の財務会計行為の違法性を問う住民訴訟（自治法242条の2・242条の3）がある。

エ．機関訴訟　国または公共団体の機関相互間における権限の存否や行使に関する紛争についての訴訟をいう（行訴法6条）。地方公共団体の議会と長との間の訴訟、国の機関としての地方公共団体の長に対する職務執行命令訴訟などがこの例である。

3−2　行政上の不服申立て　行政機関に対して当該活動の取消し等を求めるのが行政上の不服申立てである。行政不服審査法は、行政上の

不服申立ての手続に関する基本法である。行政上の不服申立て制度は、裁判所による救済に比べ、簡便かつ迅速で費用も安く済む。すぐに訴訟を提起するか、それとも、まず不服申立てを行うかは、原則として私人が自由に選択できる。不服申立ての種類には、審査請求、再調査請求、再審査請求がある。

　不服申立ての対象は、「処分」と「不作為」に分類される。「処分」とは、行政庁の処分その他公権力の行使に当たる行為をいう（行審法１条２項）。「不作為」とは、行政庁が法令に基づく申請に対し、相当の期間が経過したにもかかわらず、何らの処分も行わないことをいう（同法３条）。

３−３　国家補償　行政活動によって発生した損失を金銭的に埋め合わせることを求めるのが国家補償である。国家補償のうち、違法な活動によって発生した損害の補填を求めるのが行政上の損害賠償であり、一般法として国家賠償法がある。他方、法律に基づく適法な行政活動によって発生する損失の補填に関わるのが損失補償である。しかし、損失補償については一般法に相当する法律は存在せず、当該活動の根拠法それぞれに損失補償に関する規定が置かれることが多い。

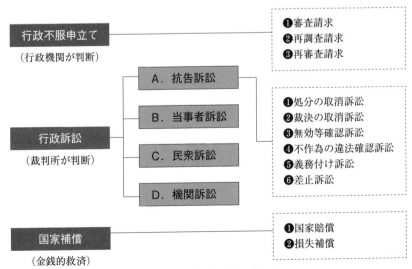

図12-2　**行政救済の分類**

3. 刑法の概説

（1）総説

1－1　刑法の位置づけ　刑法は、法律の中で刑事法というグループに属する。刑事法は、刑法、刑事訴訟法、犯罪者処遇法の総称であるが、そのうち、刑法は、どのような行為が犯罪とされ、それに対してどのような刑罰が科されるかを定める刑事実体法である。一方、刑事訴訟法は、刑法を実現するための手続を規律する刑事手続法である。そして、犯罪者処遇法は、刑の執行その他刑法に触れる行為をした人を処遇する過程を扱う法である。

1－2　刑法の基本原則　刑法の基本原則は、罪刑法定主義である。「罪刑法定主義」とは、一定の行為を犯罪として、その行為者を処罰するためには、何が犯罪であり、どの程度の刑罰が科せられるのかは、あらかじめ法律で明確に定めていなければならないという原則のことである。「法律なければ犯罪なし」「法律なければ刑罰なし」という法格言が、この基本原則の表れである。罪刑法定主義は、憲法によっても要請され（憲法31条・39条）、遡及処罰の禁止・一事不再理、慣習刑法の禁止、類推解釈の禁止のような様々な原則が導かれている。

1－3　日本の刑法典の成立と構成　日本の現行刑法典（「刑法」という題名の法律。以下において、単に条名のみを記す場合は刑法のものとする）は、明治40（1907）年4月24日に公布、明治41（1908）年10月1日に施行され「第一編　総則」と「第二編　罪」の2編から構成される。「総則」は、各種の犯罪および刑罰に通じる一般的な規定が置かれている。これに対し、「罪」には、犯罪となる行為とこれに対する刑罰の種類、程度を個別に示した規定が置かれている。

（2）犯罪の成立要件

　「犯罪」とは、一言でいえば、刑罰が適用される行為をいう。犯罪行為が発生したからといって、必ずしも法的に犯罪が成立するものではない。法的に犯罪が成立するためには、次の３つの要件、すなわち、①構成要件の該当性、②違法性、③有責性をすべて満たさなければならず、１つでも欠ける場合には犯罪は成立しない。

　2－1　構成要件の該当性（犯罪の構成要件に当てはまるか）　刑法において、犯罪の構成要件が具体的に示されている。かかる構成要件に該当するかどうかを判断する主な要素は、まず、処罰の対象は人の行為であることである。熊に襲われて人が怪我をし、あるいは死亡した場合、熊は人格を有し得ないので、罪は問われない。

　また、人の行為は、積極的行為（作為）、消極的行為（不作為）を問わない。もっとも、睡眠中に他人に危害を加えたような無意識下の行為や強盗犯に脅かされた状態で行った場合のように、人の意思による支配と制御が不可能なものは含まない。

　さらに、実行行為と犯罪結果（例えば、殺人罪においては人の生命に実質的な危険を及ぼす行為と人の死亡）との間に、因果関係があることである。

　2－2　違法性（違法性阻却事由の有無か）　次に、法的に犯罪が成立するためにはその実行行為が違法性を有するか否かを判断することが必要である。犯罪の構成要件に該当する行為は、原則として違法性を有すると推定される。ところが、犯罪の構成要件に該当するとしても、違法性が阻却され不可罰である行為も存在する。刑法には、次の４つの違法性阻却事由が規定されている。

　ア．法令行為（35条）　法によって直接認められている行為。例えば、警察官が犯人の逮捕または逃走の防止、公務執行に対する抵抗の抑

止のために、合理的に必要と判断される限度で武器を使用することが認められる（警職法7条）。

　イ．正当業務行為（35条）　法令の根拠がなくても、社会通念上、正当なものと認められる業務上の行為。例えば、医師による手術、ルールに基づいて行われるスポーツ競技などである。

　ウ．正当防衛（36条）　急迫不正の侵害に対して、自己または他人の権利を防衛するためやむを得ずした行為。例えば、夜道で人に突然襲われた際に、自らの生命・身体を守るためにやむを得ず反撃し相手を負傷させた場合。ただし、過剰防衛の場合は、違法となり阻却されないことがある。

　エ．緊急避難（37条）　自己または他人の生命、身体、自由、財産に対する現在の危難を避けるためやむを得ずした行為。例えば、クマに襲われて逃げる際に、他人の物を壊してしまったという場合。ただし、その行為から生じた害がその避けようとした害の程度を超えていない場合に限る。過剰避難の場合は、違法となり阻却されないことがある。

　2－3　有責性（責任能力の有無か等）　犯罪が成立するためには、さらに、その行為者の責任（有責性）が認められるか否かを判断することが必要である。この責任の要素としては、責任能力、および故意・過失をあげることができる。

　ア．責任能力　自己の行為の是非を弁別し（是非弁別能力）、かつ、その弁別に従って自らの行動を制御しうる能力（行動制御能力）。行為時に責任能力がなかった場合、その行為は不可罰とされる。例えば、心神喪失者（精神障害者、知的障害者、発達障害者など）、刑事未成年者（14歳未満の者）がこれにあたる（39条1項・41条）。

　イ．故意・過失　「故意」とは、罪を犯す意思をいう。犯罪事実を認識し、意図的に生じさせた場合（確定的故意）ばかりではなく、犯罪事

実発生の可能性を十分認識しながら、あえてその行為をした場合（未必の故意）も含まれる。そして、「過失」とは、罪を犯す意思はないものの、行為者の不注意によって犯罪事実が生じた場合をいう。刑法は、原則として故意犯を処罰するが、過失犯は、法律に特別の規定がある場合のみを処罰対象とする（38条1項）。

（3）罪の種類と刑罰の種類

3−1 罪の種類 刑法は、第2編において、罪名、処罰等を条文ごとに規定している。罪の種類について、保護法益（法律で守られる利益）の帰属主体によって大きく、A．個人的法益に対する罪、B．社会的法益に対する罪、C．国家的法益に対する罪の3つに分類される（**表12-1 罪名例**参照）。

3−2 刑罰の種類 刑罰の種類は、刑法9条に示されている。現在、主刑として、死刑・懲役・禁錮・罰金・拘留・科料の6種類がある。付加刑（他の刑に付随して科する刑罰）として没収がある。これらの刑罰の内容は、刑法11条以下において規定されている。その剥奪する法益の種類によって、大きく生命刑、自由刑、財産刑の3つに分類することができる。生命刑は、文字通り犯人の生命を剥奪する刑であり、すなわち死刑である。自由刑は、犯人の自由を剥奪する刑であり、懲役刑、禁錮刑、拘留刑が該当する。財産刑は、犯人の財産を剥奪する刑であり、罰金刑、科料刑、没収刑が該当する。

表12-1　罪名例

分類	代表例	罪名	条名
A．個人的法益に対する罪			
生命・身体に対する罪	人を殺した	殺人罪	199条
	人の身体を傷害した	傷害罪	204条
	過失により人の身体を傷害した	過失傷害罪	209条
自由・平穏に対する罪	正当な理由がないのに、人の住居等に侵入した	住居侵入等罪	130条
	医師、弁護士、公証人等が、正当な理由がないのに、その業務上取り扱ったことについて知り得た人の秘密を漏らした	秘密漏示罪	134条
名誉・信用・業務に対する罪	公然と事実を摘示して、人の名誉を棄損した	名誉毀損罪	230条
	虚偽の風説を流布し、または偽計を用いて、人の信用を毀損し、またはその業務を妨害した	信用棄損及び業務妨害罪	233条
財産に対する罪	他人の財物を窃取した	窃盗罪	235条
	人を欺いて財物を交付させた	詐欺罪	246条
	自己の占有する他人の物を横領した	横領罪	252条
B．社会的法益に対する罪			
公共の平穏に対する罪	多衆で集合して、暴行または脅迫をした	騒乱罪	106条
	現住建物などに放火して焼損した	現住建造物等放火罪	108条
	交通機関・道路に対する妨害によって公共に危険を与えた	往来妨害罪	124条1項
公共の信用に対する罪	行使の目的で、通貨の偽造・変造・使用等をした	通貨偽造及び行使等罪	148条
	行使の目的で、有価証券の偽造・変造等をした	有価証券偽造等罪	162条
	行使の目的で、公文書、公図画の偽造・変造をした	公文書偽造等罪	155条
社会風俗・公共の感情に対する罪	公然とわいせつな行為をした	公然わいせつ罪	174条
	わいせつな文書、図画等を頒布し、または公然と陳列した	わいせつ物頒布等罪	175条
	十三歳以上の者に対し、暴行または脅迫を用いて性交等をした	強制性交等罪	177条
C．国家的法益に対する罪			
国家的法益・作用に対する罪	国の統治機構を破壊し、またはその領土において国権を排除して権力を行使し、統治の基本秩序を壊乱することを目的として暴動をした	内乱罪	77条

【学習のヒント】

1．日本国憲法の特徴は何か。その理由を考えてみよう。
2．抗告訴訟、当事者訴訟、民衆訴訟、機関訴訟の違いは何か。
3．犯罪が成立するためには、どのような要件を満たす必要があるか。

参考文献

奥田進一＝高橋雅人ほか『法学入門』（成文堂・2018）

浅田和茂＝内田博文＝上田寛＝松宮孝明『現代刑法入門〔第4版〕』（有斐閣アルマ・2020）

伊藤真『伊藤真の行政法入門〔第3版〕』（日本評論社・2021）

片桐直人＝井上武史＝大林啓吾『一歩先への憲法入門〔第2版〕』（有斐閣・2021）

三枝有他『ローディバイス法学入門〔第2版〕』（法律文化社・2018）

高橋努『要説現代法』（酒井書店・2005）

髙橋雅夫編著『Next教科書シリーズ法学〔第3版〕』（弘文堂・2020）

髙橋明弘『法学への招待～社会生活と法～〔第2版〕』（法律文化社・2020）

宍戸常寿編著『法学入門』（有斐閣・2021）

辻村みよ子＝山元一編『概説憲法コンメンタール』（信山社・2018）

永井和之＝森光『法学入門〔第3版〕』（中央経済社・2020）

成田頼明『行政法』（放送大学教育振興会・1994）

13 | 私法の概要

《**目標&ポイント**》　本章においては、民法について基礎知識である諸定義、基本原則を、商法について商人と商行為の基本概念を、会社法について会社形態の種類およびその特徴、会社設立のプロセス、会社機関の種類およびその仕組みを理解する。
《**キーワード**》　権利能力、意思能力、行為能力、法律行為、商人、商行為、会社形態

　本章では、私法の中から、その代表として民法、商法および会社法を取り上げてそれぞれの概要を解説する.

1.　民法の概説

　民法（明治29年法律第89号）は、総則、物権、債権、親族、相続の5編から構成される。物権と債権の2編を「財産法」、親族と相続の2編を「家族法」と呼ぶ。総則では、民法全般に通ずる共通の事項が定められているが、どちらかといえば、財産法のための総則という色彩が強い。そのため、最初の3編を財産法と呼ぶこともある。以下では、民法における主要部分のみを取り上げて概説する（単に条名のみを記す場合は、民法のものとする）。

（1）総則
　1−1　民法の基本原則　民法は冒頭において、私権（私法関係に基

づく権利）および権利の行使について、公共の福祉への適合、信義誠実の原則（信義則）、権利濫用の禁止の基本原則を設けている（１条）。そして、民法の解釈基準について、個人の尊厳と両性の本質的平等とすることを示している（２条）。これらの指導原理から、さらに、所有権絶対の原則、私的自治の原則、契約自由の原則、および過失責任の原則の４つの原則が導かれている。

　１－２　自然人　民法では、普通の人すなわち自然人の能力として、権利能力、意思能力、行為能力の３種類に区別している。

　「権利能力」とは、私法上の権利を有し、義務を負うことができる資格をいう。自然人の権利能力の始期は出生の時点である（３条１項）。

　「意思能力」とは、有効に意思表示を行う能力をいう。つまり、後述の法律行為の結果を判断、予測できる知的能力のことである。意思能力を有しなかったときの法律行為は無効となる（３条の２）。

　「行為能力」とは、単独で確定的に有効な法律行為を行うことができる能力をいう。民法は満18歳を成年と定め（４条）、成年者を一律に行為能力者として扱っている。一方、未成年者、成年被後見人、被保佐人および被補助人を制限行為能力者としている（20条）。

　１－３　法人　私法では、「人」というときは、自然人と法人を含む。「法人」とは、自然人以外で、法律上の権利義務の主体とされ、権利能力が認められるものである。法人は、**図13-1**のように、公法人と私法人に大別され、公法人は地方公共団体、独立行政法人、特殊法人に、私法人は営利法人と非営利法人に、そして、営利法人は株式会社と持分会社に、非営利法人は公益法人、一般社団法人、一般財団法人に、それぞれ分類することができる。

　１－４　物　私権の客体である有体物は、不動産・動産、主物・従物、天然果実・法定果実に分類される。

212

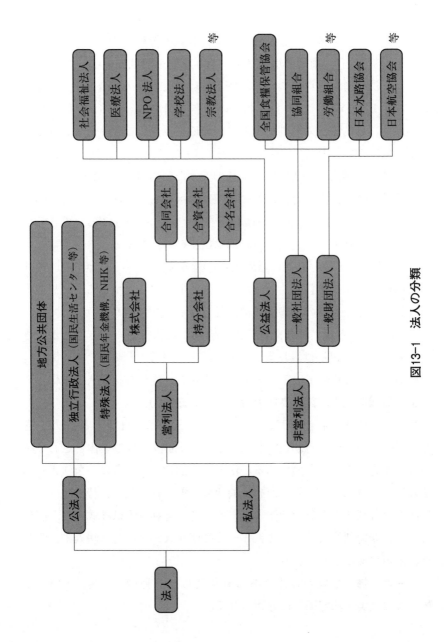

図13-1　法人の分類

　「不動産」とは、土地および土地の定着物（代表的な物は建物）であり、不動産以外の物は、すべて「動産」である（86条）。

　家屋と建具、鞄と鍵などのように、物の所有者がその物の常用に供するために、他の物を付属させた場合は、前者を「主物<ruby>しゅぶつ</ruby>」、後者を「従物<ruby>じゅうぶつ</ruby>」という。従物は主物の処分に従う。

　物から生じる収益を「果実<ruby>かじつ</ruby>」といい、果実を生じる物を「元物<ruby>げんぶつ</ruby>」という。果実は、天然果実と法定果実に大別される。「天然果実」とは、「物の用法に従い収取する産出物」をいう（88条1項）。例えば、野菜・果物・牛乳などである。これらは、それぞれ畑・果樹・牛などの元物に対応するものである。そして、「法定果実」とは、「物の使用の対価として受けるべき金銭その他の物」をいう（同条2項）。例えば、地代・家賃・利息などである。これらは、それぞれ土地・家屋・元金<ruby>がんきん</ruby>などの元物に対応するものである。天然果実は、元物から分離する時に、これを収取する権利を有する者に帰属する（89条1項）。

　1－5　法律行為　人が私法上の権利の発生・変動・消滅（法律効果）を望む意思（効果意思）に基づいてする行為のことをいう。当事者の意思表示が法律行為の成立する主要な要素である。意思表示の結合の態様に応じて単独行為（例：遺言）、双方行為（例：契約）、合同行為（例：法人の設立）に分けられる。私法上の法律関係は、原則として当事者の意思によって規律される（私的自治の原則）。もっとも、公序良俗（90条）や強行法規（91条）に反した法律行為は無効となる。また、真意でないことを表意者自身が知りながら意思表示をした場合（心裡留保。93条）、相手方と通謀して虚偽の意思表示をした場合（虚偽表示。94条）、表意者が行った意思表示と真意の間に不一致があったことを表意者自身が知らなかった場合（錯誤。95条）、および、相手方から騙されたり脅かされたりして意思表示をした場合（詐欺・強迫。96条）に

は、意思表示は無効または取り消しうるものとなる。

（2）財産法

2－1　物権の定義と分類　「物権」とは、特定の物を直接排他的に支配することができる権利をいう。物権の種類は、法律によって限定されている（物権法定主義）が、**図13-2**のように分類することができる。

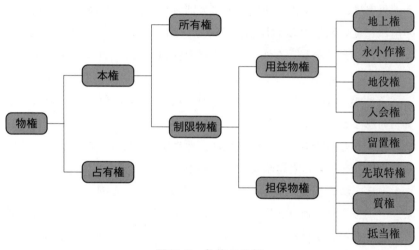

図13-2　物権の分類

「占有権」とは、物を事実上占有することによって生じる権利をいう。占有権は、後述の「本権」ではないという事実に由来し、物に対する事実上の支配関係を保護するために認められている物権である。占有権の取得には、「自己のためにする意思」が必要とされる（180条）。

「本権」とは、事実上の関係としての占有を根拠付ける法的権利があるものをいい、所有権と制限物権に分類される。

「所有権」とは、その所有物を自由に使用・収益・処分できる権利をいう（206条）。所有権は、最も基本的な物権といわれる。

「制限物権」とは、所有権のように全面的に物を支配できるというわけではなく、物の利用・収益・処分のどれかについて一定の制限が設けられている物権のことをいう。制限物権はさらに、用益物権と担保物権に分類される。

「用益物権」とは、他人が所有する土地を使用し収益を上げることを目的とする権利（処分権をもたない物権）のことをいう。用益物権には、地上権、永小作権（えいこさくけん）、地役権（ちえきけん）、入会権がある（265条以下）。

「担保物権」とは、債権の回収を確実にするために、債務者または第三者の物に担保を設定し、それを支配することができる権利のことをいう。担保物権には、留置権（りゅうちけん）、先取特権（さきとりとっけん）、質権（しちけん）、抵当権（ていとうけん）がある（295条以下）。解釈上、譲渡担保権も担保物権に含まれる。

なお、物権の設定および移転は、当事者の意思表示のみによって効力を生ずる（176条）。不動産については、所有権を取得・移転した場合、登記しなければならない。登記を備えなければ、その不動産の所有権を第三者に対抗することができない。

2－2　債権の概念　「債権」とは、特定の者（債権者）が他の特定の者（債務者）に対して、特定の行為や給付の履行を求めることができる権利をいう。債権の内容は、多種多様であって、その種類は法定されていない。債権の主体は、自然人・法人である。債権の客体である行為や給付は、金銭の支払い、物の引渡し、労務の提供その他様々である。そして、金銭の支払いにも、借金の支払い、家賃の支払い、代金の支払いなど種々ある。

なお、利息を生ずるべき債権（金銭の賃借の利息、遅延損害金など）について別段の約定がない場合は、法定利率に従い年３％とされる。もっとも、３年ごとに短期貸付金利を参考にして変動することとされる（404条）。

216

2−3　債権の発生原因　債権の発生原因は、当事者の合意によるものとしては契約があるが、合意によらないものとしては以下のとおり、事務管理、不当利得、不法行為があげられる。

ア．事務管理　法律上の義務はないが、他人のために事務の管理を行うことをいう（697条）。事務管理によって発生した費用は、本人に請求できる（702条）。例えば、事故で意識を失っている人を、通行人がタクシーで病院に運んであげた場合、そのタクシー代は後日、本人に請求できる。

イ．不当利得　契約などのような法律上の原因がないにもかかわらず、他人の財産または労務によって受けた利益のこと（利得すること）をいう。例えば、保険金受取人ではないのに死亡保険金を受けたというものである。民法は、不当利得の返還義務を定め、善意の場合はその利益の存する限度で（703条）、悪意の場合はその受けた利益の全部に利息を付して返還しなければならないとする（704条前段）。なお、損害があれば、その損害賠償の責任も負うこととする（704条後段）。

ウ．不法行為　他人の権利または法律上保護される利益を侵害する行為である。不法行為をした者は、これによって生じた損害賠償の責任を負わなければならない（709条）。不法行為の成立要件は、①損害が発生したこと、②行為と損害との間に因果関係があること、③加害者に故意・過失があること、④被害者の権利を侵害したこと、および⑤加害者に責任能力があることである。不法行為の例として、交通事故、医療過誤、インターネット上の誹謗中傷などがあげられる。

2−4　契約　当事者の一方の申込と他方の承諾によって成立する。契約は以下のように4つに分類することができる。

①契約当事者双方が債務を負担する「双務契約」と、契約当事者の一方のみが債務を負担する「片務契約」。

②契約当事者が互いに対価としての意味を有する経済的な出捐（支出）をする「有償契約」と、契約当事者が互いに対価としての意味を有する経済的な出捐をしない「無償契約」。

③契約当事者の合意のみで成立する「諾成契約」と、合意だけではなく目的物の引渡しやその他の給付を要する「要物契約」。

④契約が成立するために一定の要式を必要としない「不要式契約」と、一定の方式、例えば書面の作成等を必要とする「要式契約」。

民法では、表13-1の13種類の典型契約（「有名契約」とも呼ぶ）が定められている。

（3）家族法

3−1　親族（725条以下）　民法に定める親族の範囲は、6親等内の血族、配偶者、3親等内の姻族である。

「血族」は、自然血族（例：実親子）と法定血族（例：養親子）、さらに、直系血族（例：父母と子）と傍系血族（例：兄と妹）に分かれる。

「姻族」とは、配偶者の血族（例：夫の弟）と血族の配偶者（例：姉の夫）をいう。

「親等」とは、親族関係の距離を表す単位である。親等の計算は、直系血族では、世代数を1ずつ加算していく。例えば、本人との関係からみれば、親、子供は1親等、祖父母、孫は2親等である。傍系血族では、その共通の祖先に遡り世代数を1ずつ加算していく。例えば、本人との関係からみれば、兄弟姉妹は2親等、叔父・叔母・甥・姪は3親等となる。

3−2　法定相続人・法定相続分・遺留分（882条以下）　相続は、被相続人の死亡によって開始する。

ア．法定相続人　相続人には、血族的相続人と配偶者がいる。血族的

表13-1　民法が定める典型契約

	契約の類型	代表例	片務・双務	有償・無償	諾成・要物	根拠条名
1	贈与契約	金銭贈与契約	片務	無償	諾成	549条
2	売買契約	不動産売買契約	双務	有償	諾成	555条
3	交換契約	土地交換契約	双務	有償	諾成	586条
4	消費貸借契約	金銭消費貸借契約	片務	無償（有償）	要物	587条
5	使用貸借契約	事務所使用貸借契約	片務	無償	要物	593条
6	賃貸借契約	マンション賃貸借契約	双務	有償	諾成	601条
7	雇用契約	就職時の雇用契約	双務	有償	諾成	623条
8	請負契約	建設請負契約	双務	有償	諾成	632条
9	委任契約	業務委託契約	有償の場合は双務、無償の場合は片務		諾成	643条
10	寄託契約	倉庫寄託契約	有償の場合は双務、無償の場合は片務		諾成	657条
11	組合契約	投資事業有限責任組合契約	双務	有償	諾成	667条
12	終身定期金契約	終身年金	有償の場合は双務、無償の場合は片務		諾成	689条
13	和解契約	紛争解決の和解契約	双務	有償	諾成	695条

相続人は、第1順位が子（死亡している場合は孫＝代襲相続人）、第2
順位が親（死亡している場合は祖父母）、第3順位が兄弟姉妹（死亡し
ている場合は甥・姪＝代襲相続人）である。従兄弟姉妹は、法定相続人
ではない。被相続人の配偶者は、常に血族的相続人と同順位の相続人で
ある（**表13-2**参照）。

　イ．法定相続分　相続分は、被相続人が、各相続人の遺留分を害しな
い限度で、遺言によって自由に指定できるが、指定がない場合には、民
法の定める相続分による。これを「法定相続分」という（**表13-2**参照）。
子、直系尊属、兄弟姉妹がそれぞれ複数人あるときは、各自の相続分は
均等である。代襲者の相続分は、被代襲者の相続分と同一であり、代襲
者が複数人あるときは、各人の相続分は均等である。血族的相続人がい
ない場合、配偶者は全額を相続することになる。

　ウ．遺留分　法律上、一定の法定相続人のために残すべき遺産の一定
の割合の留保分のことをいう。兄弟姉妹は、遺留分を有しない（**表13-2**
参照）。

表13-2　各法定相続人・法定相続分・遺留分

法定相続人	法定相続分	遺留分
配偶者のみ	全部	1/2
子のみ（第1順位）	全部	1/2
父母のみ（第2順位）	全部	1/3
兄弟姉妹のみ（第3順位）	全部	なし
配偶者と子	配偶者1/2、子1/2	配偶者1/4、子1/4
配偶者と父母	配偶者2/3、父母1/3	配偶者1/3、父母1/6
配偶者と兄弟姉妹	配偶者3/4、兄弟姉妹1/4	配偶者1/2

3−3　**遺言**（960条以下）　遺言（いごん）は、遺言者の死後の法律関係を定める最終の意思表示である。一定の制約（遺留分など）があるものの、その内容を自由に決めることができる。遺言は、要式行為であり、これに反する遺言は無効となる。15歳に達した者は、遺言をすることができる。遺言の方式は、普通方式と特別方式に大別される。普通方式による遺言には、自筆証書遺言、公正証書遺言、秘密証書遺言の3種類がある。特別方式による遺言には、一般危急時遺言、伝染病隔地遺言、船舶隔絶地遺言、船舶危急時遺言の4種類がある。それぞれ一定の要件の下に作成することが必要とされる。

2.　商法の概説

　商法は、実質的には商事に関する私法的法規の総称であり、形式的には「商法」という題名の法律すなわち商法典のことである。現行の商法典（明治32年法律第48号）は、総則、商行為、海商の3編から構成されるが、かつては、会社法、保険法、手形法および小切手法も商法典の一部を構成していた。以下において、商法典の2つの基本概念である「商人」と「商行為」について概説する（単に条名のみを記す場合は、商法のものとする）。

（1）商人

　1−1　**商人の概念**　「商人」とは、商業を営む者をいう。商法上、商人には、次のように、固有の商人、擬制商人、小商人（こしょうにん）の3種類がある。

　ア．固有の商人　自己の名をもって商行為をすることを業とする者である（4条1項）。「自己の名をもって」とは、私法上の権利義務の帰属者となることをいい、また「業とする」とは、営利を得る目的をもって

同種の行為を反復継続することである。ここでいう「商行為」は、後述する絶対的商行為と営業的商行為を指す。

イ．擬制商人　商行為を業としないが、店舗その他これに類する設備（商人的施設）によって物品の販売を業とする者（例：農業経営者、漁業者、林業者、養鶏業者など）および鉱業を営む者である（4条2項）。

ウ．小商人　営業の規模（営業資金）が50万円未満の者である（7条、商法施行規則3条2項）。

なお、自然人は、性・年齢・能力等に関係なく、商人となることができる。しかし、未成年者が営業を行うときや後見人が被後見人のために営業を行うときは登記をすることを要する（5条、6条）。

私法人のうち、会社はすべて商人である（会社法5条）。また、公法人であっても、その本来の目的を達成するために営利事業を行う場合は、その限りで商人性が認められる（2条）。もっとも、各種の協同組合・相互保険会社等は、その性質上商人になり得ないとするのが通説である。また、教師、医師、弁護士などの行為は、一般取引の通念上、営利の目的が主要なものとは認められないため、これらの者も、商人ではない。

1-2　商業登記　商業登記簿に所定の事項を記載することをいう。商業登記制度の目的は、商人の営業に関する取引上重要な事項を公開することによって、会社等の信用維持を図るとともに、営業活動の円滑と安全を確保することにある。登記は、当事者の申請によってなすのが原則である（当事者申請主義。8条、10条、会社法907条・909条、商業登記法14条）。

登記すべき事項は、登記の後でなければこれをもって善意の第三者に対抗できない。たとえ登記の後であっても、第三者が正当な事由によってこれを知らなかったときは、同様とされる（会社法908条1項）。な

お、小商人には商業登記に関する規定は適用されない（7条）。

　1-3　商号　商人が営業活動において自己を表すために用いる名称をいう。その長年の使用により、その営業の同一性を表示し、社会的・経済的には、商人の信用・名声の基礎となる機能をもっている。商人は、その氏、氏名その他の名称をもって商号とすることができる（11条1項）。商号の選定は、原則として自由であり、その商号を登記すると否とも自由である（商号自由主義。同条2項）。もっとも、会社の商号は絶対的登記事項である（会社法911条以下）ため、必ず所定の方法により登記される。

　1-4　商業帳簿　商人が営業上の財産および損益の状況を明らかにするために、作成を義務づけられている会計帳簿および貸借対照表のことをいう（19条2項）。商法は、一般的に商人に対して商業帳簿の作成・提出・保存等の義務を課す（19条）。ただし、小商人は商業帳簿に関する規定が適用されないため（7条）、これを作成する必要はない。

　1-5　商業使用人　雇用契約により、特定の商人（会社等の営業主）に従属し、その商業上の対外的な営業活動を補助する者をいう。したがって、同じく営業活動を補助する者であっても、不特定の商人を独立して補助する仲立人（543条）、問屋（551条）、準問屋（558条）、運送取扱人（559条）、運送人（569条）、倉庫業者（599条）は商業使用人ではない。また、特定の商人を独立して補助する代理商（27条）も商業使用人ではない。そして、特定の商人に従属する者であっても、対外的な営業活動に従事しない技師、研究員、事務員など内勤職員も商業使用人ではない。さらに、商人の機関を構成する取締役、商人と雇用関係にないその商人の家族などはいずれも商業使用人ではない。

　商法は、商業使用人として、支配人（例：支店長、営業所長、事業所長など）、営業に関するある種類または特定の事項の委任を受けた使用

人（例：部長・課長・係長・主任など）、物品の販売等を目的とする店舗の使用人（例：販売店の店員など）の３種類の使用人に区分し、それぞれの代理権の範囲等を定めている（20条～26条）。

1－6 代理商 特定の商人のために継続的にその営業の部類に属する取引の代理または媒介をする者をいう（27条以下）。代理商は独立の商人であって、営業主と雇用関係にある商業使用人とは異なる[1]。また、代理商には、締約代理商と媒介代理商があり、前者には契約締結の代理権があるが、後者にはその代理権はない。

代理商と商人の関係は、代理商契約により定まる。締約代理商の場合は、取引という法律行為の委託を引き受けるため、その性質は民法上の委任契約に該当する（民法643条以下）。これに対し、媒介代理商の場合は、媒介という事務の委託を引き受けるため、その性質は民法上の準委任契約（656条）に該当する。もっとも、商法上の自働的通知義務、競業避止義務、商事留置権などは、民法の委任契約における受任者としての権利義務とは異なる特則である。実際には、商品売買代理店、運送代理店、保険代理店、広告代理店、旅行代理店など「代理店」が付いている多くの場合は媒介代理商に該当する。

（2）商行為

「商行為」とは、営利活動に関する行為のうち、商法および特別法で商行為と規定されている行為のことをいう。具体的には、絶対的商行為、営業的商行為、附属的商行為の３種類に分かれる。

2－1 絶対的商行為 その行為者が商人であるか否か、また営業としてなされたか否かに関わりなく、その行為の客観的性質からみて強度に営利性があるので、当然に商行為とされるものであり、「客観的商行為」ともいう。利益を得て譲渡する意思をもってする動産・不動産・有

---

1) 相互保険会社等非商人のために代理または媒介をする者は、「民事代理商」と呼ぶ。

価証券の取引、取引所での取引などが絶対的商行為にあたる（501条）。

2－2　営業的商行為　営業の目的をもって反復継続してなすときに商行為とされるものであり、「主観的商行為」ともいう。投機賃貸借、製造・加工業、電気・ガスの供給業、運送業、建築等の請負業、出版・印刷・撮影業、銀行業、保険業、倉庫業、仲立・取次業、代理商、信託などが営業的商行為にあたる（502条）。ただし、もっぱら賃金を得る目的で物を製造し、または労務に従事する者の行為は含まれない（同条ただし書）。

2－3　附属的商行為　商人がその営業のためにすることによって商行為とされるものである（503条）。例えば、店舗を改装するために銀行から資金を借り入れる行為や特定の営業開始を目的とする準備行為がこれにあたる。

3種類の商行為のうち、絶対的商行為と営業的商行為は、商人概念の基礎となる商行為であるため、併せて「基本的商行為」といい、そして、附属的商行為は、基本的商行為と対比されるものとして整理されることもある。

なお、商行為は財産上の行為に限られ、身分上の行為は含まれない。したがって、仮に営業のためになされたとしても、婚姻や養子縁組は商行為にはならない。

3. 会社法の概説

会社法（平成17年法律86号）は、会社の設立、組織、運営および管理について定める基本法である。明治32年の改正前商法「第二編　会社」、有限会社法（昭和13年法律第74号）および商法特例法を一体のものとして再編成されたものであり、平成17（2005）年6月成立し、平成18（2006）年5月に施行された。

以下は、会社法のうち、主要な内容を取り上げて概説する（単に条名

のみを記す場合は、会社法のものとする）。

（1）会社形態の種類

　「会社」とは、会社法に基づいて設立される株式会社、合名会社、合資会社、合同会社をいい（2条1号）[2]、いずれも商行為をなす商法上の商人である（5条）。そのうち、合名会社、合資会社および合同会社を「持分会社」と総称する（575条1項）。

　1－1　株式会社　株主から委任を受けた経営者が事業を行い、利益を株主に配当する会社である。その株主（出資者）は、均等に細分化された社員権を株式として取得し、その有する株式の引受価額を限度とする出資義務を負うのみで（104条・208条）、会社債権者に対して何らの責任を負うことはない（株主有限責任の原則）。株式会社は、後述のように、発起人の人数にも制限はなく1人でも設立（存続も）が認められ、また、株式の譲渡も原則的に自由である。したがって、株式会社は、現在最も一般的な会社形態である。

　1－2　持分会社　合名会社、合資会社、合同会社では出資者が社員権を持分として有することから、「持分会社」と呼ばれる。会社法上、「これらの会社に共通する事項については、同一の規制に服するとする一方で、それぞれの会社に個別的な事項については特則という形で規制」[3] がなされている。

　ア．合名会社　無限責任社員のみからなる会社であり（576条2項）、設立に必要な最低人数は1人以上とされる。社員の全員は、会社の債務につき会社債権者に対して直接・無限・連帯の弁済責任を負い（580条1項）、また、原則として会社の業務執行権および代表権を有する（590条・599条）。合名会社は、資本的結合よりも人的結合面が強く、人的会社の典型である。したがって、親族や友人など少数の信頼関係にある者

2）改正前商法上の会社は、株式会社、合名会社、合資会社、有限会社の4種類であった。

3）宮島司『会社法』（弘文堂・2020）27頁。

が共同企業形態として利用するのが通例である。

　イ．**合資会社**　無限責任社員と有限責任社員からなる会社である（576条3項）。設立に必要な最低人数は、無限責任社員と有限責任社員の各1人以上、合計2人以上とされる。社員の責任について、無限責任社員にあっては合名会社の社員と同様であるが、有限責任社員にあっては会社債権者に対する直接的かつ連帯的な弁済責任であるという点では無限責任社員と同様であるものの、その出資額を限度とする（580条2項）という点で無限責任社員とは大きく異なる。その責任が直接責任であるという点において、間接責任である株式会社の株主および合同会社の社員とは異なる。合資会社も合名会社と同様に人的会社に属するものであるが、合名会社との差異は、社員の一部に有限責任社員が存在するかどうかという点にある。以前は、酒、味噌、醤油などの醸造会社でよく利用されていた会社形態であるが、現在、新規に設立されることは少なくなった。

　ウ．**合同会社**　有限責任社員のみからなる会社である（576条4項）。設立に必要な最低人数は、合名会社と同様、1人以上とされる。社員は、会社債権者に対して、その出資額を限度に間接弁済責任を負う（580条2項）。合同会社は、アメリカにおけるLLC（Limited Liability Company）をモデルに、平成17（2005）年、会社法の施行に伴い新たに導入された会社形態である。外部関係では出資の範囲内に責任が限定される物的会社である株式会社のような安全性と、内部関係では人的会社である合名会社や合資会社のように高い自由度を併せ持つのが特徴である。Amazonジャパン、アップルジャパン、ユニバーサル・ミュージック等が、合同会社に該当する。

表13-3　会社種類別の比較

	株式会社	合名会社	合資会社	合同会社
社員権の呼称	株式	持分		
出資者の呼称	株主	社員		
代表者の呼称	代表取締役	代表社員		
設立の必要な最低人数	1人以上（発起人）	1人以上	2人以上（無限・有限責任社員各1人以上）	1人以上
出資者の責任範囲	間接有限責任	直接・無限・連帯責任	無限責任・直接有限責任	間接有限責任

（2）会社の設立

　会社を設立するには、定款の作成、株主の確定、出資の履行、機関の設置および設立登記の諸要件を満たすための手続が必要である。株式会社と持分会社は共通する手続が多いが、定款の記載内容や作成後の認証、出資の履行では両会社形態の違いがある。また、持分会社は、定款作成の手続が終われば、会社の実体はほぼ出来上がる。これに比べ、株式会社の設立手続は複雑である。以下において、株式会社の設立を中心に解説する。

　2－1　定款の作成　「定款」とは、会社の組織や運営などを定める根本規則を記載または記録（電磁的記録）する書面をいう。発起人はこの定款を作成し、署名または記名押印（電子署名を含む）しなければならない（26条）。「発起人」とは、株式会社の設立を発起する者をいう。発起人の資格には制限がなく、行為能力のない者でも法人でもよい。また、発起人の人数にも制限はなく、一人でも認められる（一人会社）。定款の記載事項は、以下のように、絶対的記載事項、相対的記載事項、

任意的記載事項の3つに分けることができる。

ア．絶対的記載事項　定款として効力を有するための必要不可欠な事項である。①目的、②商号、③本店の所在地、④設立に際して出資される財産の価額またはその最低額、⑤発起人の氏名または名称および住所が絶対的記載事項に該当する（27条）。

イ．相対的記載事項　定款に記載しなくても定款自体の効力には影響はないが、定款に記載しなければ、法律上その効力が生じない事項である。例えば、公告の方法（官報掲載、新聞掲載、電子公告）や変態設立事項（現物出資、財産引受け、発起人の報酬・特別利益、設立費用など）がその例である。

ウ．任意的記載事項　会社法の規定に違反しない限り定款に定めることができる事項である。例えば、定時株主総会の招集時期、株主総会の議長、取締役・監査役の数、社長・専務・常務の権限などがその例である。定款は作成後、公証人の認証を受けなければならない（30条1項）。

2-2　設立の方法　株式会社の設立には、発起設立と募集設立の2つの方法がある。発起設立は、発起人が会社の設立に際して発行する株式の全部を引き受けて行う方法である（25条1項1号）。これに対し、募集設立は、発起人が会社の設立に際して発行する株式の一部を引き受け、残りは株式引受人を募集して行う方法である（同項2号）。募集設立の場合は、創立総会を開催しなければならない(65条1項)。しかし、発起設立と募集設立のどちらにしても、定款の作成や設立登記を要するなど、おおまかな流れに違いはない。なお、出資の履行や設立登記をして株式会社が設立すれば、発起人や株式引受人は株主となる。

（3）会社の機関

3-1　会社の機関の意味　「会社の機関」とは、会社の組織上一定

の地位にあり、会社の意思決定、業務執行など、対外的、対内的な活動を行う一定の権限が与えられた自然人または組織体をいう。持分会社では、定款の定めがある場合を除き、原則として社員（出資者）全員に代表権と業務執行権があるため、機関は単純である。一方、株式会社の機関は極めて複雑である。

　会社法では、株式会社の機関として、株主総会、取締役、代表取締役、会計参与、監査役、監査役会、会計監査人、監査等委員会、監査委員会、指名委員会、報酬委員会が定められている。そのうち、株主総会と取締役は置かなければならない機関（法定必置機関）とされる。その他の機関については、会社の規模（大会社か）や株式の譲渡制限の有無（公開会社か）などに応じて、それを設置するかどうかを選択することが可能であり、あるいは、設置、不設置の義務が生じる。以下は、株式会社の機関について解説する。

　３－２　株主総会　会社の実質的所有者である株主より構成され、株式会社の最高意思決定機関として法定必置機関である。株主総会の権限は、取締役会非設置会社と取締総会設置会社ではその範囲が異なる。前者においては、会社法に規定する事項および株式会社の組織、運営、管理その他株式会社に関する一切の事項について決議をすることができる（295条１項）。これに対し、後者においては、会社法に規定する事項および定款で定める事項に限り、決議をすることができる（同条２項）。なお、会社法の規定により株主総会の決議を必要とする事項について、取締役、執行役、取締役会その他の株主総会以外の機関が決定できることを内容とする定款の定めは、その効力を有しない（同条３項）。

　３－３　取締役、取締役会、代表取締役　株式会社の業務執行に関する機関である。

　ア．取締役　株式会社の法定必置機関であり、役員でもある（329条

1項前段)。取締役会非設置会社においては、1人または2人以上(326条1項)、取締役会設置会社においては3人以上でなければならない(331条5項)。取締役は、株主総会の決議によって選任される(329条1項後段)。任期は、原則として、選任後2年以内に終了する事業年度のうち最終のものに関する定時株主総会の終結の時までとされる(332条1項)。取締役会非設置会社では、定款に別段の定めがある場合を除き会社の業務を執行し(348条1項)、代表取締役などがある場合を除き各自が会社を代表する(349条1項)。

イ．取締役会 公開会社などを除き、定款に定めがある場合に置かれる。その際、原則として監査役を置くことも必要とされる(326条2項、327条2項)。取締役会は、3名以上の取締役で構成され(331条5項)、代表取締役の選定、業務執行の意思決定等を行う(362条以下)。なお、公開会社、監査役会設置会社、監査等委員会設置会社、指名委員会等設置会社は、取締役会を置かなければならない(327条1項)。取締役会を置く株式会社は、「取締役会設置会社」と呼ぶ(2条7号)。

ウ．代表取締役 取締役の中から選定され、株式会社を代表する権限(代表権)を有する。代表権の範囲は、会社の業務に関する一切の裁判上、裁判外の行為に及ぶ(349条)。代表取締役と社長は異なる概念である。前者は登記上の職位であるが、後者は社内的な役職の名称であるため、必ずしも社長が代表取締役に就くわけではない。

3－4 会計参与、会計監査人、監査役、監査役会 会計参与を除き、株式会社の監査機関である。

ア．会計参与 任意設置機関であり、役員に該当する(329条1項前段)。定款にこれを置く定めがある場合は、株主総会の決議によって選任される(同項後段)。会計参与になることができるのは、公認会計士、監査法人、税理士、税理士法人に限られる(329条・333条1項)。

任期は取締役と同じである（334条1項）。会計参与は、取締役、執行役
と共同して、計算書類等の作成、会計参与報告書の作成、会計帳簿等の
閲覧、取締役等からの会計に関する報告の徴求等の権限を有し、取締役
の職務執行に関し不正行為等を発見した際の株主への報告等の義務を負
う（374条以下）。会計参与は、株式会社またはその子会社の取締役、監
査役、執行役、支配人その他の使用人との兼任はできない（333条3
項）。また会計監査人との兼任もできない（337条3項）。会計参与を置
く株式会社は、「会計参与設置会社」と呼ぶ（2条8号）。

　イ．会計監査人　計算書類等の会計監査を行う機関であり、監査等委
員会設置会社等を除き、定款に定めがある場合に置かれる（326条2
項）。その際、監査役を置くことも必要とされる（327条3項）。会計監
査人になることができるのは、公認会計士または監査法人に限られる
（337条1項）。会計監査人の設置が義務付けられた会社は、監査等委員
会設置会社、指名委員会等設置会社（327条5項）、および大会社[4]（328
条）である。会計監査人を置く株式会社は、「会計監査人設置会社」と
呼ぶ（2条11号）。なお、会計監査人は役員に該当しない（329条1項）。

　ウ．監査役　任意機関であり、役員に該当する（329条1項前段）。定
款にこれを置く定めがある場合に、株主総会の決議によって選任される
（同項後段）。もっとも、会計監査人設置会社においては、必ず監査役を
置かなければならない（327条）。任期は、原則として選任後4年以内に
終了する事業年度のうち最終のものに関する定時株主総会の終結のとき
までとされる（336条1項）。監査役は、取締役、会計参与の職務の執行
を監査し、その監査にはいわゆる業務監査および会計監査の両方を含
む。また、取締役、会計参与の職務執行の監査、取締役および会計参与
からの事業報告の徴求等の権限を有し、取締役の不正行為またはそのお
それなどがあると認めた際の取締役または取締役会への報告等の義務を

4）大会社とは、資本金5億円以上または負債合計額200億円以上の株式会社のこ
　とである（2条6号）。

負う（381条以下）。会計参与と同様、兼任禁止規定がある（335条2項）。監査役を置く株式会社は、「監査役設置会社」と呼ぶ（2条9号）。

エ．監査役会　原則としてこれを置くことが必要とされる大会社を除き、定款に定めがある場合に置かれる（326条2項、328条）。社外監査役が半数以上を占める3名以上の監査役で構成され（335条3項）、監査報告書の作成、常勤監査役の選定・解職等を行う（390条以下）。監査役会を置く株式会社は、「監査役会設置会社」と呼ぶ（2条10号）。

3−5　監査等委員会設置会社、指名委員会等設置会社　コーポレートガバナンスを強化するために導入された2つの会社形態である。

ア．監査等委員会設置会社　監査等委員会を置く株式会社である（2条11号の2）。定款の定めによって任意に設置することができる（326条2項）。監査等委員会は、取締役3名以上で構成され、その過半数は社外取締役とされ（331条6項）、取締役の業務執行を監査・監督する。執行役を置くことができないため、代表取締役・取締役がその職務を執行する（363条1項）。監査等委員会設置会社には、取締役会の設置が義務付けられる（327条1項）。また、監査役を置くことはできないが（同条4項）、財務報告の信頼性を担保するための専門家の監査が必要であることから、会計監査人の設置が必須である（同条5項）。

イ．指名委員会等設置会社　指名委員会、監査委員会、報酬委員会の3つの委員会を置く株式会社である（2条12号）。各委員会は、取締役の中から取締役会の決議によって選定された3名以上の委員で構成され、その過半数は、社外取締役でなければならない（400条1項〜3項）。1人の取締役が複数の委員会に属することは可能である。監査委員会の委員は、子会社を含め、会社の執行役、業務執行取締役、子会社の会計参与、支配人その他の使用人との兼任はできない（400条3項）。

指名委員会等設置会社には、取締役会、会計監査人および執行役の設

置が義務付けられるが、監査役および監査等委員会を置くことはできない（327条、402条１項）。執行役は、取締役が兼任することができる（402条６項）。代表執行役は、取締役会によって執行役の中から選定される（420条）。

　なお、各委員会は、取締役会の下部組織として、取締役および執行役の職務執行に対し、取締役会が有する監督権限の一部が委譲される。

【学習のヒント】

１．行為能力と意思能力はどのような関係にあるかを考えてみよう。
２．例をあげて、絶対的商行為、営業的商行為、附属的商行為の違いは何かを説明してみよう。
３．株式会社に法的に必ず設置しなければならない機関は何か。その法的根拠を示してみよう。

参考文献

稲田俊信＝中村良編『商法総則・商行為法・保険法・会社法・海商法（演習ノート）〔第４版〕』（法学書院・2016）
宍戸常寿編著『法学入門』（有斐閣・2021）
箱井崇史『基本講義現代海商法』（成文堂・2021）
髙橋明弘『法学への招待〜社会生活と法〜〔第２版〕』（法律文化社・2020）
宮島司『会社法』（弘文堂・2020）
山本為三郎『会社法の考え方〈第12版〉』（八千代・2022）
我妻榮『新訂民法総則（民法講義１）』（岩波書店・1971）

14 社会法の概要

《**目標＆ポイント**》 本章においては、経済法、労働法および社会保障法の体系、それぞれの中核となる法律の意義、役割および主な規定内容を理解する。
《**キーワード**》 独占禁止法、労働三権、労働三法、社会保険

本章では、社会法の中から、その代表として経済法、労働法および社会保障法を取り上げてそれぞれの概要を解説する。

1. 経済法の概説

（1）総説

1－1 経済法とは何か 日本においては、「経済法」という題名の法典は存在しないが、国民経済の安定と発展を図ることを目的として、国家が市場経済秩序に介入する法分野を総称して「経済法」という。経済法は、商品、役務（サービス）の取引市場において、経済活動を行う事業者（中小・大規模事業・事業者団体など）と一般消費者に適用される。経済法の中では、独占禁止法（「独禁法」とも呼ぶ）がその中核とされている。下請法、景品表示法、不正競争防止法等も含まれるが、以下は、独占禁止法に絞って概説する。

1－2 独占禁止法の意義 独占禁止法または独禁法の正式名称は、「私的独占の禁止及び公正取引の確保に関する法律」（昭和22年法律第54号）であり、昭和22（1947）年に制定され、同年施行された（以下、単

に条名のみを記す場合は、独禁法のものとする）。

　独占禁止法の目的は、事業活動における不当な拘束を排除することにより、公正かつ自由な競争秩序を維持し、事業者の創意工夫を発揮させ、一般消費者の利益を確保するとともに、国民経済の健全な発達を促進することである（1条）。

（2）独占禁止法の規制内容

　独占禁止法は、事業活動における以下の6種類の行為または構造を規制の対象とする。

　2－1　私的独占　事業者が、他の事業者の事業活動を排除し、または支配することにより、公共の利益に反して一定の取引分野における競争を実質的に制限する行為をいう（2条5項）。私的独占行為は、独占禁止法3条前段で禁止されている。私的独占行為には、「排除型私的独占」と「支配型私的独占」がある。前者は、事業者が単独または他の事業者と共同し、かつ、不当な低価格販売などの手段を用いて、競争相手を市場から排除したり、新規参入者を妨害したりして市場を独占しようとする行為である。後者は、事業者が単独または他の事業者と共同して株式取得などにより、他の事業者の事業活動に制約をかけて市場を支配しようとする行為である[1]。

　排除型私的独占については、公正取引委員会（公取委）が公開している「排除型私的独占に係る独占禁止法上の指針」で、さらに、次の4つの行為を類型化している。

　①**不当廉売**　例えば、販売費や一般管理費のうち、運送費、倉庫費等の注文の履行に要する費用を下回る対価を設定することなどにより、自

---

1) 公正取引委員会「排除型私的独占に係る独占禁止法上の指針」公取委ウェブサイト https://www.jftc.go.jp/dk/guideline/unyoukijun/haijyogata.html（最終アクセス日：2022/02/03）。公正取引委員会は、独占禁止法を運用するために設定された機関であり、行政委員会にあたり、内閣府の外局として位置づけられている。

らと同等またはそれ以上に効率的な事業者の事業活動を困難にさせる行為。

②**排他的取引**　例えば、卸売業または小売業を営む者が、製造業者に対し、自己の競争者との取引を禁止し、または制限することを条件として取引する行為。

③**抱き合わせ**　例えば、顧客に対し、ある人気商品（主たる商品）の供給に併せて、他の不人気商品（従たる商品）をセットで購入させる行為。

④**供給拒絶・差別的取扱い**　例えば、供給先事業者が市場（川下市場）で事業活動を行うために必要な商品について、合理的な範囲を超えて供給を拒絶する行為。

2－2　不当な取引制限　事業者が、競争を避けるために、他の事業者と共同して相互にその事業活動を拘束し、または遂行することによって、公共の利益に反して一定の取引分野における競争を実質的に制限する行為をいう（2条6項）。不当な取引制限は、独占禁止法3条後段で禁止されている。

不当な取引制限の典型行為は、カルテルと入札談合である。「カルテル」とは、複数の事業者が連絡を取り合い、本来、各事業者がそれぞれ決めるべき商品の価格や販売・生産数量を共同で取り決める行為をいう。そして、「入札談合」とは、公共事業などの競争入札において、入札参加者の間で事前に話し合って落札者や落札価格を決定する行為をいう。

2－3　事業者団体　事業者としての共同の利益を増進することを主たる目的とする2以上の事業者の結合またはその連合体をいい、その中には、2以上の事業者で構成される社団、財団、組合および契約による事業者団体も含まれる（2条2項）。

　独占禁止法は8条において、事業者団体の活動として、事業者団体による競争の実質的な制限、不当な取引制限または不公正な取引方法に該当する事項を内容とする国際的協定または国際的契約の締結、事業者数の制限、会員事業者・組合員などの機能または活動の不当な制限、事業者に不公正な取引方法に該当する行為をさせることを禁止している。

　2－4　独占的状態　少数の事業者によって市場が支配され、競争が行われていない状態をいう。独占禁止法における独占的状態の成立要件は、次の4つである（2条7項）。

　①年間売り上げからみて、一定の商品または役務の価格が1000億円を超えること。

　②事業分野における市場のシェアが事業者1社で2分の1、または事業者2社の合計で4分の3を超えること。

　③他の事業者の新規参入が著しく困難であること。

　④相当の期間にわたり価格の硬直性がみられること。

　独占的状態に該当し、市場構造や市場における弊害が認められる場合には、公正取引委員会は、当該事業者に対し事業の一部の譲渡など、競争を回復させるために必要な措置を命ずることができる（8条の4）。

　2－5　企業結合　株式の保有、役員の兼任、合併、分割、株式移転、事業の譲受けなどによって、複数の企業を結合することをいう。独占禁止法は、第4章において、企業結合として会社の株式保有（10条）、役員兼任（13条）、会社以外の者の株式保有（14条）、合併（15条）、分割（15条の2）、共同株式移転（15条の3）、事業の譲受け等（16条）に分けて規定を置いている。いずれも一定の取引分野における競争を実質的に制限することとなる場合に規制される。

　2－6　不公正な取引方法　独占禁止法では、正当な理由がないのにまたは不当に自由な競争を制限するおそれがある行為、競争手段が不公

正な行為、自由な競争の基盤を侵害するおそれがある行為は、公正な競争を阻害するおそれがあるという観点から、不公正な取引方法を用いることが禁止されている（19条）。その法定類型として、以下の５つが掲げられている（２条９項１号〜５号）。

①供給拒絶（正当な理由がないのに特定事業者との取引をしない）。

②差別対価（商品・役務の継続的な供給に関する差別的な対価を設定する行為）。

③不当廉売（不当な原価割れの商品を販売する行為）。

④再販売価格の拘束（例えば、メーカーが小売店の販売価格を拘束する行為など）。

⑤優越的地位の濫用（例えば、大規模小売業者が納入業者に対して不当に商品を返品する行為など）。

その他、独占禁止法の規定に基づき、公正取引委員会が告示によって指定しているものもある。その指定は、「一般指定」と「特殊指定」に大別される。一般指定は、事業分野を限定せず、すべての業種に適用するものであり、「不公正な取引方法」（昭和57条公取委告示第15号）として掲載されている全15項（取引拒絶、排他条件付取引、拘束条件付取引、再販売価格維持行為、欺瞞的顧客誘引、不当廉売など）からなる。特殊指定は、事業分野を限定して特定の事業者・業界を対象とするものであり、現在、①大規模小売業者、②特定荷主、③新聞業の３つがある。

以上の規制対象のうち、私的独占、不当な取引制限、事業者団体および不公正な取引方法は行為規制に該当し、独占的状態と企業結合は構造規制に該当する（**表14-1**参照）。

表14-1　独占禁止法の規制内容

規制の対象	類型	区分	成立要件	適用条名等
私的独占	排除型私的独占	行為	①不当廉売、②排他的取引、③抱き合わせ、④供給拒絶・差別的取扱い	2条5項、3条前段
	支配型私的独占		株式取得などにより他の事業者の事業活動に制約をかけて市場を支配	
不当な取引制限		行為	カルテル、入札談合など	2条6項、3条後段
事業者団体		行為	①一定の取引分野における競争を実質的に制限	8条1号
			②国際的協定または国際的契約を締結	8条2号
			③一定の事業分野における現在または将来の事業者の数を制限	8条3号
			④構成事業者の機能または活動を不当に制限	8条4号
			⑤事業者に不正な取引方法に該当する行為をさせる	8条5号
独占的状態		構造	①一定の商品または役務の年間売上価格が1000億円超	2条7項、第8条の4
			②市場のシェアが事業者1社で2分の1、または事業者2社の合計で4分の3超	
			③他の事業者の新規参入が著しく困難である	
			④相当の期間にわたり価格の硬直性がみられる	
企業結合		構造	株式の保有、役員の兼任、合併、分割、株式移転、事業の譲受けなどによる	9条以下
不公正な取引方法	法定類型		①供給拒絶、②差別対価、③不当廉売、④再販売価格の拘束、⑤優越的地位の濫用	2条9項1号〜5号、19条
	指定類型	一般指定	行為 取引拒絶、差別対価、差別取扱い、不当廉売、不当高価購入、欺瞞的顧客誘引、抱き合わせ販売、拘束条件付取引、取引先の役員選任への不当勧奨、取引妨害等全15項目	2条9項6号、公取委告示15号
		特殊指定	①大規模小売業、②特定荷主、③新聞業が主体	

（3）独占禁止法に違反した場合の法的措置

　独占禁止法に違反した場合において、以下の法的措置が考えられる。

　３−１　排除措置命令　私的独占、不当な取引制限については、公正取引委員会は、違反行為者に対し、その違反行為を排除するために必要な措置を命じることができる（7条、8条の2、17条の2、20条）。

　３−２　課徴金納付命令　カルテル、私的独占、一定の不正な取引方法については、公正取引委員会は、行政処分として、違反事業者に対し、課徴金を国庫に納付することを命じることができる（7条の2、7条の9、20条の2〜20条の6）。

　３−３　差止請求（民事救済）　不公正な取引方法に係る違法行為によって、利益を侵害され、または侵害されるおそれがある者は、当該行為の差止めを裁判所に求めることができる（24条）。

　３−４　損害賠償の請求　私的独占、不公正な取引方法に係る違法行為を行った企業に対して、被害者は損害賠償の請求ができる。この場合、企業は故意・過失の有無を問わず、責任を免れることができず、つまり、無過失損害賠償責任を負うことになる（25条）。

　３−５　刑事罰　私的独占、不当な取引制限、事業者団体による競争の実質的制限等を行った者に対しては、罰則が定められている（89条以下）。さらに、実行行為者（自然人）と法人に対する両罰規定（95条）、実行行為者（自然人）、法人、役員に対する三罰規定（95条の2）も設けられている。また、入札談合については、独占禁止法の他、刑法談合罪の規定も適用される（刑法96条の6）。

　公正取引委員会は、犯則事件（89条〜91条の罪に係る事件）を調査するため必要があるとき、裁判官の発する許可状により、犯則嫌疑者または参考人に対して出頭を求め、事情聴取等の調査（犯則調査）を行うことができる（102条）。

2.　労働法の概説

（1）労働法とは何か

　「労働法」とは、憲法の生存権を指導理念として、労働者の権利を保障することを本旨とする法分野である。しかし、「労働法」という題名の法典は存在しない。行政法等と同様に数多くの成文法から構成されている。

　現行の労働法の体系は、個々の労働者と使用者の関係を規律する「個別的労働関係法」、労働組合と使用者の関係を規律する「集団的労働関係法」、および労働市場における労働力の需給関係を規律する「労働市場法」の３つの法領域に分かれる（**図14-1**参照）。

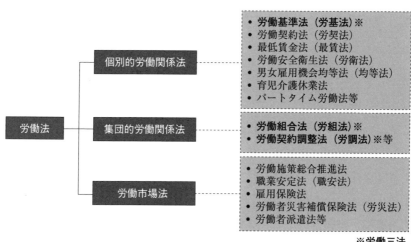

図14-1　労働法の体系

　そのうち、労働基準法、労働組合法、労働関係調整法の労働三法が労働法の根幹であり、いずれも戦後、立法改革の過程で制定されたものである。それらを中心にいろいろな労働関係の立法がなされている。以下において、労働三法に絞って解説する。

（２）労働基準法

　２−１　意義　労働基準法（昭和22年法律第49号）は、労働条件に関する基準を法律で定めるとする憲法27条２項に基づいて制定された法律である。同法は、労働条件最低基準の原則（労基法１条）、労働条件対等決定の原則（同法２条１項）、均等待遇の原則（同法３条）、男女同一賃金の原則（同法４条）などの下に、労働契約、賃金、労働時間・休日・年次有給休暇、災害補償、就業規則などについて定めている。労働基準法は、労働者を１人でも使用する事業場に適用される。ただし、同居の親族のみを使用する事業や家事使用人には適用されない（同法116条２項）。

　２−２　労働契約　労働者が使用者に対し、対価を得て労務を提供することを約する契約である（労契法６条）。主に以下の内容が含まれている。

　①労働契約は双務・有償契約であるから、労働と賃金が主たる権利義務となる。また、付随的義務として、労働者は、企業の秩序を乱さない企業秩序保持義務、職務上知り得た秘密を洩らさない秘密保持義務、競業避止義務、企業の信用・名誉を傷つけないなどの義務を負う。一方、使用者は、労働者の生命・身体等の安全を確保しつつ労働することができるように必要な安全配慮義務（労契法５条）、およびこれを法的根拠とするパワハラやセクハラの防止、働きやすい職場環境の整備など職場環境配慮義務を負う。

　②労働契約を締結するに際し、使用者は、労働者に対して労働契約期

間、賃金、労働時間その他の労働条件を明示することが義務付けられている（労基法15条１項、労基法施行規則５条１項）。労働契約の種類として、期間の定めのない労働契約（無期労働契約）と期間の定めのある労働契約（有期労働契約）がある。有期労働契約について、契約期間の上限は原則３年とされるが、満60歳以上の労働者や専門的知識などを有する労働者との労働契約については、５年とされる（労基法14条）。これは、長期の有期契約による不当な人身の拘束を回避する趣旨である。

③労働者による労働契約の解約告知を「退職」または「辞職」というが、使用者による解約告知を「解雇」という。労働基準法では、解雇制限と解雇予告が定められている。解雇制限については、業務上傷病や産前産後の休業期間とその後一定期間は、解雇が禁止される（労基法19条）。そして、解雇予告については、少なくとも30日前に予告をするか、または予告に代えて30日分以上の平均賃金（解雇予告手当）を支払うことが使用者に義務付けられる（同法20条）。これは、労働者に抜打ち的解雇がもたらす生活上の脅威から労働者を保護する本旨である。なお、解雇は、客観的に合理的な理由を欠き、社会通念上相当であると認められない場合は、その権利を濫用したものとして無効になる（労約法16条）。

２−３ 就業規則 使用者が事業場における労働条件などに関する具体的細目を定めた規則集のことをいう。「社規」「工場規則」「従業員規則」とも称される。就業規則は、常時10人以上の労働者を使用する使用者が、労働者の意見を聞いて一定事項について就業規則を作成し、労働基準監督署長に届出る（変更の場合も同様に）ことが義務付けられている（労基法89条・90条）。就業規則には、始業・終業の時刻、休憩時間、休日、休暇、賃金の決定、計算および支払の方法、退職・解雇事由、安全衛生、災害補償などの事項を記載することが必要とされる（絶対的記

載事項)。また、就業規則を作成または変更した場合、使用者はこれを労働者に周知させなければならない（同法106条）。周知義務に違反した就業規則の効力は認められない。

（3）労働組合法

3-1　意義　労働組合法（昭和24年法律第174号）は、団結権・団結交渉権・団結行動権の労働基本権（「労働三権」とも呼ばれる）を保障する憲法28条に基づいて制定された法律である。同法は、労働者が使用者との交渉において対等の立場に立つことを促進することによって労働者の地位を向上させること、労働者が自主的に労働組合を組織し団結することを擁護すること、労働協約を締結するための団体交渉およびその手続の助成を目的とし（労組法1条1項）、労働組合の組織、労働協約、労働委員会、不当労働行為などについて定めている。

3-2　労働組合の組織　「労働組合」とは、労働者が主体となって自主的に労働条件の維持、改善その他経済的地位の向上を図ることを主たる目的として組織する団体またはその連合団体をいい（労組法2条1項）、職種別、産業別、企業別その他の組織形態がある。もっとも、以下4つに該当する組織は、労働組合とは認められない（同法2条1項ただし書）。

①使用者の利益代表者の参加を許すもの。

②団体の運営のため使用者から経費援助を受けるもの（いわゆる「御用組合」）。

③共済事業その他福利事業のみを目的とするもの。

④主として政治運動または社会運動を目的とするもの。

労働組合法と労働基準法における労働者の定義は異なる。労働組合法が失業者を含むのに対し、労働基準法では失業者は含まれない。

3－3　労働協約　労働組合と使用者またはその団体との間で結ばれた労働条件その他に関する協定をいい、書面により作成し、労使双方の代表者が署名または記名押印することによって効力を生ずる（労組法14条）。労働協約は、特定の形式を要しない。「協約」ではなく、「協定」、「確認書」など、どのような名称が付せられても、前述の要件を満たしていれば、労働協約としての効力が認められる。労働協約は就業規則と異なり、その内容は法定されていない。また、行政官庁に届け出る義務もない。

3－4　労働協約・就業規則・労働契約間の効力順位　労働協約、就業規則、労働契約とも、私的自治制度である。労働者と使用者は、労働協約、就業規則および労働契約を遵守し、誠実に各々その義務を履行しなければならない（労基法２条２項）。各制度間の効力順位は、最高位が労働協約、第２位が就業規則、最下位が労働契約であり、すなわち、労働協約＞就業規則＞労働契約とされる。下位順位の制度による労働条件が上位順位の制度で定める基準に達していない部分は、無効となる。そして、無効となった部分は、上位順位で定める基準によることになる（労基法13・92・93条、労組法16条、労契法12条）。

3－5　不当労働行為　一言でいえば、労働組合活動に対する使用者の妨害行為をいう。類型としては、以下４つあげられる（労組法７条１号～４号）。

①労働組合活動などを理由とする労働者に対して解雇その他の不利益な取扱いをする行為、または、労働者が労働組合に加入せず、もしくは脱退することを雇用条件とする行為（いわゆる「黄犬契約」を結ぶこと）。

②正当な理由なしに団体交渉を拒否する行為。

③運営経費の援助などによる労働組合に対する支配・介入をする行為。

④労働者が不当労働行為の申立を労働員会にしたことなどを理由とす

る解雇その他報復的不利益な取扱いをする行為である。

　労働組合法は不当労働行為を禁止している（労組法7条1項柱書）。不当労働行為を行った使用者に対して、公益委員・労働者委員・使用者委員（略称：公労使委員）から構成される労働委員会が事案に即した救済命令等を発することになる（同法27条の12）。

　3－6　争議行為の法的効果　労働組合法は、正当な争議行為については、刑事免責（労組法1条2項）、民事免責（同法8条）を認めている。

　「争議行為」とは、労働者がその主張を貫徹するために、同盟罷業（ストライキ）、怠業（スローダウン）、作業所閉鎖（ロックアウト）などによって業務の正常な運営を阻害することをいう（労調法7条）。争議行為が正当なものである場合に限って認められる（労組法1条2項・8条）。正当な争議行為とされるためには、目的と方法が正当なものであることが必要である。すなわち、労働条件の維持改善その他労働者の経済的地位の向上を目的としなければならない。賃上げ要求のストライキがその例であるが、いわゆる政治的目的のストライキは認められない。また、暴力行使という方法も認められない。

　刑事免責については、形式的にみれば、争議行為は、刑法上の威力業務妨害罪（刑法234条）、脅迫罪（同法222条）、強要罪（同法223条）等に該当することが考えられるが、正当な争議行為であれば、刑法に定める正当行為（同法35条）として、違法性が阻却され、刑事免責となる。

　民事免責については、正当な争議行為から生じた損害につき、使用者は、労働者、労働組合に対して不法行為または債務不履行に基づく損害賠償を請求することができない（労組法8条）。

（4）労働関係調整法

　4－1　意義　労働関係調整法（昭和21年法律第25号）は、労働組合

法と相まって、労働関係の公正な調整を図り、労働争議を予防し、または解決して、産業平和を維持し、もって経済の興隆に寄与することを目的とする法律である（労調法１条）。主に労働委員会が行う労働争議の斡旋・調停・仲裁の他、緊急調整、争議行為の制限・禁止などについて定められている。なお、労働争議が発生したときは、その当事者は、直ちにその旨を労働委員会または都道府県知事（船員法の適用を受ける船員に関しては地方運輸局長）への届出義務を負う（同法９条）。

　４−２　争議調整　労働争議の調整方法には、①斡旋、②調停、③仲裁、④緊急調整の４つの調整方法がある。

　①「斡旋」とは、労働委員会会長が指名した斡旋員が、双方の主張の要点を確認し、関係当事者による自主的な争議解決を促進するための調整方法である（労調法10条以下）。

　②「調停」とは、使用者を代表する調停委員、労働者を代表する調停委員および公益を代表する調停員の三者からなる調停委員会が、関係当事者の出頭を求め、その意見を聴取し、調停案を示して関係当事者の受諾を勧告する調整方法である（労調法17条以下）。

　③「仲裁」とは、労働委員会の公益を代表する委員または特別調整委員のうちから、労働委員会の会長が指名する仲裁委員３名以上の奇数の仲裁委員からなる仲裁委員会が、労働協約と同一効力を有する仲裁裁定を書面で作成して行う調整方法である（労調法29条以下）。

　④「緊急調整」とは、公益事業などの大規模な労働争議を調整する非常措置である（労調法35条の２以下）。争議行為により業務が停止され、国民経済や国民生活が著しく脅かされるおそれが現実に存するときに限り、内閣総理大臣は、中央労働委員会の意見を聴取した上で、緊急調整を決定することができる。緊急調整の決定が公表されたときは、50日間は争議行為が禁止され、その間に解決のための調整が行われる。

3. 社会保障法の概説

（1） 社会保障制度の意義

　憲法25条2項は、「国は、すべての生活部面について、社会福祉、社会保障及び公衆衛生の向上及び増進に努めなければならない。」として、国民の「生存権」の保障義務を宣言している。これに従い、社会保障制度審議会による昭和25（1950）年の「社会保障制度に関する勧告」（以下「昭和25年勧告」という）では、社会保障制度の定義について、次のように示している。「いわゆる社会保険制度とは、疾病、負傷、分娩、廃疾、死亡、老齢、失業、多子その他困窮の原因に対し、保険的方法または直接公の負担において、経済保障の途を講じ、生活困窮に陥った者に対しては、国家扶助によって最低限度の生活を保障するとともに、公衆衛生及び社会福祉の向上を図り、もってすべての国民が文化的社会の成員たるに値する生活を営むことができるようにすることをいうのである」。

　社会保障制度の内容については諸説がある。憲法25条と昭和25年勧告によれば、拠出制の社会保険と、無拠出制の社会福祉、公的扶助、公衆衛生を中心として構成される。そして、各分野で数多くの法律が制定されている（**図14-2参照**）。以下において、社会保険に絞って概説する。

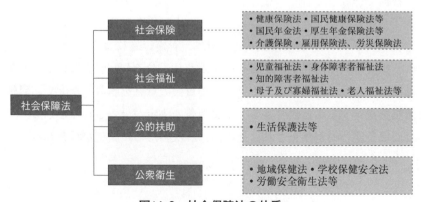

図14-2　社会保障法の体系

（2）社会保険

2－1　社会保険とは　社会保険は、保険原理を用いて国民生活の安定が損なわれることを国民の共同連帯によって防止し、拠出制の下で、疾病、老齢、障がい、失業、要介護、業務災害・通勤災害という保険事故が発生した場合に、被保険者に対して一定の保険給付を行う制度である。社会保険は、国や地方公共団体等が保険者となり、被保険者の保険料と国庫負担によって運営され、被保険者は原則として強制加入することが特徴である。

　現在の日本では、医療保険（国民健康保険、健康保険等）、年金保険（国民年金、厚生年金保険）、介護保険、雇用保険（失業保険）、労災保険の5種類の社会保険があり、それぞれ対応する法律が整備されている。

2－2　医療保険　日本の医療保険は、被用者保険と地域保険の2つに大別される。前者は、企業や個人事業主に雇われた民間被用者・その扶養家族を適用対象とする健康保険、船員・その扶養家族を対象とする船員保険、国家公務員・地方公務員・その扶養家族、私立学校職員・その扶養家族を対象とする各種共済組合から構成され、「職域保険」ともいう。後者は、それ以外の自営業者、農林水産業者、無業者など、被用者保険が適用されない被用者等とその家族を適用対象とする国民健康保険から構成されている。さらには、2008年4月1日からは、基本的に75歳以上の者を対象とする後期高齢者医療制度がスタートしている。後期高齢者医療制度は、75歳の誕生日を迎えると、それまで加入していた被用者保険または地域保険から、自動的に後期高齢者医療制度に移ることになる。このように、すべての国民がいずれかの医療保険に加入している、いわゆる「国民皆保険」である。

　被用者保険は、健康保険法、船員保険法、各種共済組合法、地域保険は国民健康保険法、後期高齢者医療制度は高齢者医療確保法がそれぞれ

適用される。被保険者は、疾病に罹患したり負傷したりした場合には、費用の一部を自己負担した上で、保険医療機関で保険医療サービスを受ける（現物給付）。

2-3　年金保険（公的年金）　日本の公的年金制度は、様々な改革を経て、現在、国民年金（基礎年金制度）と厚生年金保険（被用者年金制度）の2種類に大別される[3]。前者は国民年金法、後者は厚生年金保険法および各種共済組合法が適用される。被保険者の種類は、以下の表に示されているとおり、制度別に異なるが、国民のすべてがいずれかの年金制度に加入している、いわゆる「国民皆年金」である。それぞれの対象者は**表14-2**と**14-3**に示されているとおりである。

表14-2　国民年金の被保険者の種類（国民年金法7条）

被保険者の種類	対象者	補足説明
第1号被保険者	日本国内に住所を有する20歳以上60歳未満の者で、次の第2号・第3号被保険者に該当しないもの	自営業者、農林漁業従事者、無職者等
第2号被保険者	厚生年金保険の被保険者	65歳以上の老齢年金を受ける者を除く
第3号被保険者	第2号被保険者の被扶養配偶者のうち、20歳以上60歳未満のもの	年収130万円以上の者を除く

表14-3　厚生年金保険の被保険者の種類

被保険者の種類	対象者	適用法律
第1号厚生年金被保険者	70歳未満の民間被用者	厚生年金保険法9条
第2号厚生年金被保険者	国家公務員共済組合の組合員	国家公務員共済組合法37条
第3号厚生年金被保険者	地方公務員共済組合の組合員	地方公務員等共済組合法39条
第4号厚生年金被保険者	私立学校教職員共済の加入者	私立学校教職員共済法14条

国民年金の保険料は、第1号被保険者にあっては直接支払い、第2号

3）「被用者年金制度の一元化等を図るための厚生年金保険法等の一部を改正する法律（平成24年法律第63号）」および「地方公務員等共済組合法及び被用者年金制度の一元化等を図るための厚生年金保険法等の一部を改正する法律の一部

被保険者にあっては加入している厚生年金等から拠出し、第３号被保険者にあっては第２号被保険者の保険料に含まれる。そして、厚生年金の保険料は、被保険者の報酬月額と賞与をもとに定められた標準報酬月額と標準賞与額に保険料率を乗じた金額が保険料となり、事業主と被保険者が折半して納付する。被保険者は老齢・障がい・死亡などの場合には、**表14-4**に示されているとおり、厚生年金の被保険者であれば、国民年金（基礎年金）に厚生年金を上乗せして受給することになる（二階建て）。

表14-4　年金の種類（国民年金法15条、厚生年金保険法32条）

年金給付の種類	国民年金（基礎年金）	厚生年金
老齢給付	老齢基礎年金	老齢厚生年金
障害給付	障害基礎年金	障害厚生年金・障害手当金
遺族給付	遺族基礎年金	遺族厚生年金

２−４　介護保険　介護保険法（平成９年法律第123号）は、加齢に伴って生ずる心身の変化に起因する疾病等により要介護状態となる者が尊厳を保持し、その有する能力に応じ自立した日常生活を営むことができるよう、必要な保健医療サービスおよび福祉サービスに係る給付を行うとともに、家族介護の社会化を図ることなどを目的とする法律である（介護保険法１条）。介護保険の保険者は、市町村（含む特別区）である（同法３条１項）。被保険者は、市町村の区域内に住所を有する65歳以上の者である「第１号被保険者」と、40歳以上65歳未満の医療保険加入者である「第２号被保険者」からなる（同法９条）。

介護給付費用は、50％を税収を財源とする「公費」で負担し、残りの50％を被保険者が負担する保険料で賄う（介護保険法121条以下）。第１号被保険者の保険料は原則として年金から天引きされる。第２号被保険

を改正する法律（平成24年法律第97号）」の施行に伴い、平成27年10月より厚生年金保険に公務員、私学教職員も加入することとし、被用者年金制度が厚生年金保険制度に統一されるようになった。

者の保険料は健康保険に加入している場合には、健康保険の保険料と一体的に徴収され、原則として被保険者と事業主が折半する。国民健康保険に加入している場合には、国民健康保険の保険料と一体的に徴収される。

　介護サービスは、第1号被保険者は原因を問わず要支援状態（日常生活に支援が必要な状態）・要介護状態（寝たきり、認知症等で介護が必要な状態）となったときに、第2号被保険者は末期がん・関節リウマチ等の加齢に起因する疾病（特定疾病）で要介護・要支援状態になったときに受けることができる（介護保険法18条以下）。

　2－5　労災保険　労働者災害補償保険法（昭和22年法律第50号。略称：「労災保険法」または「労災法」）は、労働者の業務上または通勤時の負傷、疾病、障がい、死亡等に対する保険給付と社会復帰の促進およびその遺族への援護を目的とする法律である（労災法1条）。労災保険法は事業者単位で適用され、原則として、労働者を一人でも使用する事業は労災保険の適応事業とされる（同法3条1項）。また、他の社会保険と異なり、保険料は全額事業者が負担する。

　業務災害に関する保険給付には、①療養補償給付、②休業補償給付、③障害補償給付、④遺族補償給付、⑤葬祭料、⑥傷病補償年金、および⑦介護補償給付、通勤災害に関する保険給付には、①療養給付、②休業給付、③障害給付、④遺族給付、⑤葬祭給付、⑥傷病年金、および⑦介護給付の各7種類がある（労災法12条の8第1項・21条）。その名称が業務災害に関しては「補償給付」であるのに対し、通勤災害に関しては「給付」となっている。保険給付にあたって、使用者の故意過失の有無を問題にすることはない（無過失責任）。

　2－6　雇用保険　雇用保険法（昭和49年法律第116号）は、失業や雇用の継続が困難な場合の給付および職業に関する教育訓練を受けた場

合に必要な給付、さらに求職活動および就職の促進に関する事業を行い、労働者の生活を安定させることを主な目的とする法律である（雇用保険法１条）。雇用保険の被保険者は、事業所に雇用される労働者である（同法５条）。ただし、１週間の所定労働時間が20時間未満の者、31日間以上引き続き雇用される見込みのない者、季節的に雇用される者等雇用形態により被保険者とならない場合がある（同法６条）。

　雇用保険による給付は、①求職者給付、②就職促進給付、③教育訓練給付、および④雇用継続給付の４種類がある（同法10条）。

【学習のヒント】

１．独占禁止法は、どのような行為を規制しており、なぜ規制する必要があるか。
２．労働三法と労働三権の関係を考えてみよう。
３．社会保険とはどのような制度か。

参考文献

泉水文雄『経済法入門』（有斐閣・2020）
奥田進一＝高橋雅人＝長友昭＝長島光一『法学入門』（成文堂・2018）
公正取引委員会「独占禁止法」（https：//www.jftc.go.jp/dk/index.html　最終アクセス日：2022/02/03）
齊藤信宰ほか『現代社会における法学入門〔第３版〕』（成文堂・2013）
西村健一郎『社会保障法入門〔第３版〕』（有斐閣・2017）
末川博『法学入門〔第６版補訂版〕』（有斐閣・2014）
高橋明弘『法学への招待～社会生活と法～〔第２版〕』（法律文化社・2020）
髙橋雅夫編著『Next教科書シリーズ法学〔第３版〕』（弘文堂・2020）
田村次朗『競争法におけるカルテル規制の再構築～日米比較を中心として～』（慶應義塾大学出版会・2021）

15 | 法の情報源等

《目標＆ポイント》 最終章においては、法律学を学習するためのツールや法律学の文献・資料の探し方、レポートや論文を執筆する際に必要となる法律文献出典などの表示方法を習得する。
《キーワード》 法令集、条約集、判例集、法律文献、出典表示、直接引用、間接引用

---

1. 法律学勉強のツール

まず、法律学を学ぶにあたって、必要なツールを紹介する。法令は更新されるため、使用する際はできるだけ最新版にしよう。

（1）法令集
1－1 六法 憲法、民法、刑法、商法、民事訴訟法、刑事訴訟法の基本となる6つの主要な法典を指す。これらの法典に加えて、関連する法令が収録されている。たいていは、公法、民事法、刑事法、社会法などの順序で分類配列され、最後に、国際法編という分類があり、国際連合憲章、世界人権宣言、日米安全保障条約などの条約が収められている。
　市販の六法には様々な種類がある。**表15-1**は、代表的な六法であり、毎年発行される。

表15-1　六法の種類

六法名	発行所	主な特色
六法全書	有斐閣	最も多くの法令を収録。購入者限定で電子版無料閲覧サービス
ポケット六法	有斐閣	小型。最もスタンダード。最新の改正部分に傍線付加
デイリー六法	三省堂	小型。ポケット六法と同程度の法令を収録
模範六法	三省堂	判例付き。CD-ROM版あり
判例六法	有斐閣	重要判例付き。「カタカナ法令」を平仮名化。CD-ROM版あり
判例六法 Professional	有斐閣	判例六法よりも多くの法令を収録

　判例付六法は、条文を引くと同時に判例の情報を確認することができるため、法律学を学習する上で大きな手助けになる。

　通常の六法に載っていない法令については、『労働六法』（旬報社）、『社会福祉小六法』（ミネルヴァ書房）など分野ごとに特化している六法で調べるか、図書館などで全法令が収録されている『現行法規総覧』（第一法規）や『現行日本法規』（ぎょうせい）、あるいは、公的サイト（→表15-3 256頁参照）で調べることができる。

　1－2　条約集　国際法の法令集に相当する。国際法を学ぶには条約集が欠かせない。主要な条約集として、**表15-2**のものがあげられる。

表15-2　条約集

編集者名	書籍名	発行所	出版年等
岩沢雄司編集代表	国際条約集	有斐閣	年刊
浅田正彦	ベーシック条約集	東信堂	年刊
芹田健太郎編	コンパクト学習条約集〔第3版〕	信山社出版	2021

　市販の条約集に収録されていない条約については、条約が収録されている『現行法規総覧』（第一法規）や『現行日本法規』（ぎょうせい）、あるいは、公的サイト（→**表15-3** 下記参照）で調べることができる。

　1－3　公的サイト法令集　最近では、現行法令や廃止・失効した法令の大部分は、**表15-3**の公的サイトを利用できるようになった。

表15-3　公式サイト

公的サイト名	発行所	URL
インターネット版官報	国立印刷局	http : //kanpou.npb.go.jp/
e-Gov 法令検索	デジタル庁	https : //elaws.e-gov.go.jp/
条約データ検索	外務省	https : //www3.mofa.go.jp/mofaj/gaiko/treaty/

　法律文献の中で法令名の略称が用いられることがあるが、それは、各年版の総合六法全書を刊行している岩波書店、三省堂、有斐閣3社に共通する法令名略語に依拠しているものである。e-Gov 法令検索「略称法令名一覧」（https : //elaws.e-gov.go.jp/abb/）などでも閲覧することができる。

（2）法律学辞典

　法律用語は、厳格に定義されることで、日常用語とは異なる意味をもっていることが少なくない。このため、法令の条文や法律文献の説明を正確に理解するには、法律学辞典が手元にあると便利である。市販の法律学辞典には、**表15-4**のものがある。

表15-4　法律学辞典

著者名	書籍名	発行所	出版年	特色
三省堂編修所編	デイリー法学用語辞典〔第2版〕	信山社出版	2020	一般学習者向けで分かりやすい
法令用語研究会編	法律用語辞典〔第5版〕	有斐閣	2020	簡潔に用語を解説
高橋和之ほか編集代表	法律学小辞典〔第5版〕	有斐閣	2016	学説や判例にも触れている
林大＝山田卓生	法律類語難語辞典〔新版〕	有斐閣	1998	難語を簡潔・明快に解説

2. 法律学文献・資料の探し方

　法律学の学習・研究やレポート・論文を執筆するためには、文献や資料を探すことが必要である。そこで、法律学の文献や資料は、どのようなものがあるか、どのように探すかを知っておくことが必要である。

（1）単行本

　「単行本」とは、叢書や全集の中の1冊とは違い、単体で刊行される本のことである。通常は1冊で刊行されるが、ページ数が多い場合は分冊形式で刊行されることがある。単行本には基本書と注釈書がある。

　1-1　基本書　学者がある法律科目の内容を体系的に書いた法律の専門書であり、教科書（テキスト）、概説書、体系書などとも呼ばれる。大学の講義で用いられている教科書の多くは基本書である。基本書は、一般的にその法律分野の学者が一人で書いたもので、正確性が担保され、一貫性があり論理矛盾が生じることが少ない。そのため、法令を正確に理解する上で基本書を学習することは不可欠である。

1－2　**注釈書**　法律の条文ごとに解説した書物をいい、「コンメンタール」とも呼ぶ。注釈書はだいたい、条文→条文の趣旨→沿革→条文の解釈→学説→判例→比較法→自説→実務→課題から構成される。基本書等の説明では理解できないときに、注釈書を確認すれば、その疑問が解けるかもしれない。現在の代表的な注釈書として、**表15-5**のものがあげられる。

表15-5　注釈書

発行所	書籍名
有斐閣	『新注釈民法』『注釈日本国憲法』『注釈刑法』『注釈民事訴訟法』『注釈会社法』等
日本評論社	『新基本法コンメンタール』『コンメンタール民事訴訟法』『我妻・有泉コンメンタール民法』『新・コンメンタール』等
弘文堂	『条解民事訴訟法』『条解民事執行法』『条解刑事訴訟法』『条解刑法』等
青林書院	『大コンメンタール刑法』『大コンメンタール刑事訴訟法』『大コンメンタール破産法』等
商事法務	『会社法コンメンタール』等
第一法規	『著作権法コンメンタール』等

（2）法律雑誌

　法律学に関する定期刊行物は、「法律雑誌」と呼ばれ、以下のように、総合雑誌、分野別雑誌、学会誌、大学紀要等に分類され、論文・記事、判例評釈、判例紹介等が掲載される。

2－1　**法律総合雑誌**　法律論文、判例評釈等が分野横断的に掲載されている代表的な法律総合雑誌として、**表15-6**のものがあげられる。

表15-6 法律総合雑誌

雑誌名	略称	出版社	刊行頻度
判例タイムズ	判タ	判例タイムズ社	月刊
判例時報	判時	判例時報社	月3回
金融・商事判例	金判	経済法令研究会	月2回
金融法務事情	金法	きんざい	月2回
ジュリスト	ジュリ	有斐閣	月刊
法学教室	法教	有斐閣	月刊
論究ジュリスト	論ジュリ	有斐閣	季刊
私法判例リマークス	リマークス	日本評論社	年2回
法律時報	法時	日本評論社	月刊
法学セミナー	法セ	日本評論社	月刊
法律のひろば	ひろば	ぎょうせい	月刊

2−2　分野別法律雑誌　法学の特定分野に関する分野別法律雑誌として、**表15-7**のようなものがあげられる。

表15-7 分野別法律雑誌

雑誌名	略称	出版社	刊行頻度
民商法雑誌	民商	有斐閣	年10回
NBL	NBL	商事法務	月2回
刑事法ジャーナル	刑ジャ	成文堂	季刊
旬刊商事法務	商事	商事法務研究会	月3回
労働法律旬報	労旬	旬報社	月2回
国際法外交雑誌	国際	有斐閣	年6回
知財管理	知管	日本知的財産協会	月刊

2－3　学会誌　各分野の学会が定期的に刊行する機関誌である。例えば、『私法』（日本私法学会、有斐閣、年1回）、『刑法雑誌』（日本刑法学会、有斐閣、年4回）、『公法研究』（日本公法学会、有斐閣、年1回）等がある。

2－4　大学紀要　大学や大学所属の研究機関が編集・発行する学術論文誌である。法学部・法学科等のある大学の紀要には、法律学の研究成果や判例評釈が掲載される。雑誌名は大学名を冠したものが多く、例えば、一橋大学研究年報編集委員会の『一橋大学研究年報法学研究』（略称：一法）、早稲田大学法学会の『早稲田法学』（略称：早法）などである。また、大学名を冠していないものもあり、例えば、東京大学法学協会の『法学協会雑誌』（略称：法協）、慶應義塾大学法学研究会の『法学研究』（略称：法研）などである[1]。

（3）判例集

裁判所の判例を掲載している出版物は、公式判例集と判例雑誌に分類される。その他、判例を検索するツールとしてデータベースがある。

3－1　公式判例集　裁判所が刊行するもので、**表15-8**のとおり、戦前の判例集、最高裁判所判例集、下級裁判所判例集、分野別判例集に分類される。

---

1) 法律編集者懇談会『法律文献等の出典の表示方法』（特定非営利活動法人教育支援センター、2014版）31頁参照。

表15-8　判例集

区分	判例集名	略語
戦前の判例集	大審院民事判決録	民録
	大審院刑事判決録	刑録
	大審院民事判例集	民集、大民集
	大審院刑事判例集	刑集、大刑集
	行政裁判所判決録	行録
最高裁判所判例集	最高裁判所民事判例集	民集
	最高裁判所刑事判例集	刑集
	最高裁判所裁判集民事	裁判集民
	最高裁判所裁判集刑事	裁判集刑
下級裁判所判例集	高等裁判所民事判例集	高民集
	高等裁判所刑事判例集	高刑集
	下級裁判所民事裁判例集	下民集
	下級裁判所刑事裁判例集	下刑集
分野別判例集	行政事件裁判例集	行集、行裁例集
	労働関係事件裁判例集	労民
	刑事裁判月報	刑月
	家庭裁判所月報	家月
	訴訟月報	訴月

　３－２　**判例雑誌**　全分野を掲載する総合判例雑誌と特定の分野を掲載する分野別判例雑誌（**表15-9**）に分類される。

　３－３　**判例データベース**　判例を検索する契約データベース（ウェブ版）として、**表15-10**のようなものがあげられる。

　インターネット上には無料で公開されている判例データベースもあるが、必ずしも全部掲載されているわけではない。

表15-9　判例雑誌

区分	雑誌名	略称	出版社	刊行頻度
総合判例雑誌	判例タイムズ	判タ	判例タイムズ社	月刊
	判例時報	判時	判例時報社	月3回
分野別判例雑誌	金融・商事判例	金判	経済法令研究会	月2回
	金融法務事情	金法	きんざい	月2回

表15-10　判例データベース

データベース名	提供会社	特色
LEX/DB インターネット	TKC	明治8年の大審院判例から公表された判例を網羅的に収録した日本最大級のデータベース
LLI/DB判例秘書INTERNET	LIC	判例を中核として解説や論文・記事等の関連情報を収録し、情報追跡機能により関連情報にアクセスできる
Westlaw Japan	新日本法規出版	法令、判例、制作情報、主要判例雑誌、コンメンタール、学術論文、報道記事などから、法律情報まで検索できる
D1-Law. com 判例体系	第一法規	「現行法規」「判例体系」「法律判例文献情報」の各データーベースを融合した総合検索データベース
LexisNexis ASONE	レクシスネクシス・ジャパン	法規制とその改正情報、ガイドラインなどを網羅的に収録している

（4）判例解説・評釈

4－1　判例解説　最高裁判所調査官が執筆したものであり（→第11章188頁参照）、**表15-11**の判例解説の雑誌に掲載される。

4－2　判例評釈　法律総合雑誌、分野別法律雑誌、大学紀要、学会誌等紙媒体の資料からWebサイトまで、多様な媒体に掲載されているが、一般的に、法律総合雑誌や判例雑誌の増刊、別冊の形態で定期的に刊行されるものが多い。**表15-12**のようなものが代表的である。

表15-11 判例解説

雑誌名	略称	出版社	刊行頻度
最高裁判所判例解説　民事編	最判解	法曹会	年刊
最高裁判所判例解説　刑事編	最判解	法曹会	年刊

表15-12 判例評釈雑誌

雑誌名	出版社	刊行頻度	特色
主要民事判例解説（『判例タイムズ』別冊）*	判例タイムズ社	年刊	主に研究者や実務家向けのもの。民法・商法・民事訴訟法・知的財産法・渉外法・行政法・労働法の判例を解釈したもの
判例評論（『判例時報』別冊付録）	判例時報社	月刊	主に研究者や実務家向けのもの。『判例時報』に綴じ込みで収録されている判例解説
別冊ジュリスト　判例百選	有斐閣	不定期	主要な法分野ごとに編集され、定期的に改訂
重要判例解説（『ジュリスト』臨時増刊）*	有斐閣	年刊	『判例百選』が刊行されるまでの重要判例をフォロー
民法（刑法）の基本判例（『法学教室』増刊号）	有斐閣	不定期	重要判例をまとめて解説したもの。憲法、民法、刑法の各シリーズがある。
判例セレクト（『法学教室』2・3月号別冊付録）	有斐閣	年2回	主に学生向けのもの。憲法、民法、刑法の「判例の動き」を解説し評釈したもの
私法判例リマークス（『法律時報』別冊）	日本評論社	年2回	主に研究者や実務家向けのもの。民法・商法・民事訴訟法・国際私法などの新しい判例を評釈したもの
判例回顧と展望（『法律時報』臨時増刊）*	日本評論社	年刊	年度別の重要判例が法分野別に掲載
『新・判例解説Watch』（『法学セミナー』増刊）	日本評論社	年2回	主に学生向けのもの。分野の重要判例が掲載

＊雑誌名冒頭に当該年度が付く。

（5）法律学文献の索引

法律学文献を索引する代表的なツールには、**表15-13**のものがある。

表15-13　法律学文献索引ツール

タイトル	出版社	刊行頻度	特色
法律図書総目録	法経書出版協会	年刊	刊行されている法律・経済・経営分野の書籍を掲載
法律判例文献情報	第一法規	月刊	法律関係の書籍・研究紀要・雑誌論文および判例の書誌情報を収録。外国関連論文には、「外」というマークが付く
文献月報（『法律時報』巻末）	日本評論社	月刊	法学の文献一覧が分野ごとに掲載
学界回顧（『法律時報』12月号）*	日本評論社	年刊	各分野で公表された書籍、論文等にコメントが付されて紹介。英米法、ドイツ法、フランス法等の文献もある
比較法研究（末尾）	有斐閣	年刊	末尾に外国の法令・判例・学説の動向が紹介

＊タイトル冒頭に当該年が付く。

（6）インターネットによる検索

法律学の文献・資料を探すために、**表15-14**のサイトを活用することもできる。

表15-14　インターネット検索

サイト名	URL	特色
Google Scholar	https：//scholar.google.co.jp/	世界中の学術的な文献（法律関係資料を含む論文、書籍、要約など）を検索・閲覧できる
CiNii（国立情報学研究所）	https：//ci.nii.ac.jp/	多分野にわたる論文、図書・雑誌や博士論文などの学術情報を検索できるデータベース・サービスである

3.　法律学文献出典等の表示方法

　学術研究は、多くの先人たちの研究成果の積み重ねによって発展して
きたものであるので、レポートや論文を執筆するにあたって、他人の研
究成果を引用することは必然であるといえる。しかし、直接引用（「　」
での引用）または間接引用（要約での引用）をする場合には、出典を明
示しなければならない（著作権法48条１項）。これは、著作権法を順守
するのみでなく、先人に対する敬意を表すことにもなり、自分の研究活
動の証拠にもなる。

　法律学の分野における出典の表示方法は、他の分野の表示方法とは異
なるところがある。基本的には、以下のとおりである。

（1）雑誌

1－1　雑誌論文の場合

> 執筆者名「論文名」雑誌名　巻　号　頁（発行年）、または、　巻　号（発
> 行年）　頁。
> 例：竹濱修「保険金受取人の死亡と相続」金判1135号84頁（2002）。
> 　　大村敦志「大きな公共性から小さな公共性へ―「憲法と民法」から出発
> 　　して」法時76巻２号（2004）71頁以下。

ア．論文名の括弧は、「　」（一重カギカッコ）で括るものとする。

イ．「　」の中のカギカッコは、『　』（二重カギカッコ）を使用して
　　もよい。

ウ．頁は「ページ」ではなく、「頁」と表示する。

エ．定期刊行物は、略称でもよい。

オ．論文のサブタイトルはできる限り記載する。

カ． 表示の最後には「。」（句点）を付ける（以下、同じ）。

1－2　判例研究の場合

執筆者名「判批」または「判解」雑誌名　巻　号　頁（発行年）。
例：竹濱修「判批」ジュリ1398号134頁（2010）。

ア． 出典の表示方法は、1－1「雑誌論文の場合」（265頁）を参照。

イ．「判例批評」「判例研究」等は、原則として表題を掲げずに、「判批」とする。

ウ． 最高裁判所調査官の判例解説については、「判解」とする。

1－3　座談会・シンポジウムの場合

出席者ほか「テーマ」雑誌名　巻　号　頁［○○発言］（発行年）。
例：綿貫芳源ほか「行政事件訴訟法を見直す（下）」自研76巻6号18頁［園部発言］（平成12）。

ア． 出典の表示方法は、1－1「雑誌論文の場合」（265頁）を参照。

イ．「座談会」とは、特定のテーマについて複数人で意見や感想を述べる場である。法学の分野では、新しい法令が公布されたときや、法改正があるときに、有識者が集まって議論を行うことがある。

（2）単行本

2－1　単独著書の場合

執筆者名『書名』　頁（発行所、版表示、発行年）、または、（発行所、版表示、発行年）　頁。
例：塩野宏『行政法（1）行政法総論』121頁（有斐閣、第5版、2009）。
　　江頭憲治郎『商取引法〔第9版〕』（弘文堂、2022）　頁。or
　　江頭憲治郎・商取引法〔第9版〕（弘文堂、2022）　頁。

ア. 書名は、原則として『　』（二重カギカッコ）で括るものとする。
「・」（ナカグロ）でもよい。

イ. 書名に改訂版、新版等が表示されている場合は、書名の一部とし
て表示する。

ウ. シリーズ名、サブタイトルは、必要に応じて入れる。

エ. （発行所、版表示、発行年）の順序は、（発行年、版表示、発行
所）でもよい。

２−２　共著書の場合

共著者名『書名』　頁（発行所、発行年）、または、（発行所、発行年）　頁。
例：小野昌延＝松村信夫『新・不正競争防止法概説』91頁（青林書院、
　　2011）。
　　山下友信ほか『保険法〔第４版〕』（有斐閣、2019）160頁。

ア. 共著者をつなぐ記号は、「・」（ナカグロ）でもよい。

イ. 共著者が３名以上の場合は、先頭に記載されている１名のみ表示
し、その他の共著者名は「ほか」と表示してもよい。

２−３　編著書の場合

編（著）者名『書名』　頁〔執筆者名〕（発行所、発行年）、または、執筆者
名「論文名」編（著）者名『書名』　頁（発行所、発行年）、もしくは、（発
行所、発行年）　頁。
例：宮島司編著『逐条解説　保険法』529頁〔李鳴〕（弘文堂、2019）。
　　岡部喜代子「共同相続財産の占有をめぐる諸問題」野田愛子ほか編『新
　　家族法実務大系〔３〕相続〔１〕相続・遺産分割』137頁（新日本法規
　　出版、2008）。

ア. 出典の表示方法は、２−２「共著書の場合」（上記）を参照。

イ. 「編集代表」「編者」は「編」と、監修は「監」と略してもよい。

ウ．執筆者名を入れることが必要である。

2－4　記念論文集の場合

執筆者名「論文名」献呈名『書名』　頁（発行所、発行年）。
例：木下孝治「告知義務」中西正明先生喜寿記念論文集『保険法改正の論
　　点』39頁（法律文化社、2009）。

ア．出典の表示方法は、2－3「編著書の場合」（267頁）を参照。

イ．献呈名は、○○先生古稀、○○先生喜寿、○○先生退職のように
略して表示してもよい。

2－5　翻訳書の場合

原著者名（訳者名）『書名』　頁（発行所、発行年）、または、（発行所、発行
年）　頁。
例：オッコー・ベーレンツ著（河上正二訳）『歴史の中の民法―ローマ法と
　　の対話』73頁（日本評論社、2001）。

　　出典の表示方法は、2－3「編著書の場合」（267頁）、2－1「単
独著書の場合」（266頁）を参照。

（3）インターネット文献

執筆者名「文献名」サイト名、（URL、アクセス日）。
例：法律編集者懇談会「法律文献等の出典の表示方法［2014年版］」法教育
　　支援センター（https：//www.houkyouikushien.or.jp/katsudo/pdf/houri-
　　tubunken2014a.pdf，2022年2月21日最終閲覧）。

ア．Webサイトに掲載されている文献が紙媒体と同一の場合は、一
般の原則に従い、執筆者名、論文名、頁数等を表示する。

イ．Webサイトの名称が執筆者名と同一の場合は、省略してもよい。

ウ．Web上の文献については、情報の追加や変更が行われる可能性があるため、最終アクセス日（最終閲覧日）を必ず記載する。

（4）判例・裁判例

《裁判所の略称》《裁判形式の略称》《年号》年月日《掲載誌の略称》 巻　号頁。

例：最大判平成22年1月20日民集64巻1号1頁。

大判大正11年2月7日民集1巻19頁。

最決平成15年2月27日公刊物未登載（平成14年（オ）1035号）。

大阪高判平成27年4月23日（Westlaw Japan文献番号2015WLJPCA 04236005）。

名古屋地判平12・12・1判タ1070号287頁（保険金請求事件）。

ア．「最判」は最高裁の判決を、「高判」は高等裁判所の判決を、「地判」は地方裁判所の判決を、「支判」は地方裁判所支部の判決を意味する。原則として、最高裁の大法廷判決については「最大判」と表示し、小法廷判決については「最〇小判」と表示する。その他、決定の場合は「決」、命令の場合は「命」と表示する。なお、旧大審院の連合部判決については「大連判」と表示し、その他は「大判」と表示する。

イ．頁は原則として、その判例が掲載されている初出の頁を表示する。

ウ．雑誌に掲載されていない裁判例については、「公刊物未登載」または「判例集未登載」とした上、事件番号を引用して括弧で括る。各種データベースに登載されている場合は、文献番号を記載する。

エ．読者の便宜のため、事件名を示すことも可能である。

オ．年・月・日および巻・号・頁は「・」（ナカグロ）で表記しても

よい。

（5）前掲文献・判例等の扱い

５－１　前掲文献

> 《執筆者の姓》・前掲注○）頁、または、前掲注○）《雑誌名もしくは書名》頁。
> 例：山下・前掲注９）541頁。または、山下・前掲注３）保険法541頁。
> 　　伊藤・前掲注12）アメリカ法33頁。

ア. 「前掲文献」とは、前の脚注に掲げた文献、すなわち既に引用したことがある文献である。脚注に、前掲文献を再度全部記載するのではなく、省略して表示する。

イ. 前掲文献の場合は、論文、単行本とも初出の注番号を必ず表示する。

ウ. 同一脚注内に同姓の複数人の手による文献がある場合は、各執筆者名をフルネームで表示する。

エ. 同一の執筆者による複数の文献を引用する場合は、原則として該当する雑誌名または書名を表示する。ただし、論文のタイトルの略表示を用いてもよい。

５－２　判例等

> 《裁判所名の略称》《裁判形式の略称》《年号》　年。
> 例：大阪高判平成27年。

前掲判例等を再度引用する場合は、基本的に上記のとおり表示するが、特定が必要な場合、または、読者の便宜のため、初出の注番号や月日を加えて表示することも可能である。

（6）参考文献リスト

> ＜参考文献＞
> 執筆者名『書名』（発行所、版表示、発行年）
> 執筆者名「論文名」雑誌名　巻　号（発行年）
> 執筆者名「判批」雑誌名　巻　号（発行年）

ア． 参考文献リストは、レポートや論文の最後に付ける。

イ． 参考文献リストの表示方法は、文中の出典の表示方法とほぼ同様であるが、引用箇所などは特に示さない。

【学習のヒント】

1．どのような手法により効率よく法律文献を探すことができるか。
2．なぜ正しく出典を表示しなければならないのか。

参考文献

法律編集者懇談会「法律文献等の出典の表示方法」（特定非営利活動法人教育支援センター、2014版）

武藤眞朗＝多田英明＝宮木康博『法を学ぶパートナー〔第4版〕』（成文堂・2020）

弥永真生『法律学習マニュアル〔第4版〕』（有斐閣・2016）

索引

●配列は五十音順, ＊は人名を示す。

著者紹介

李　鳴（りー・みん）

中国上海に生まれる
慶應義塾大学大学院法学研究科後期博士課程修了、博士（法学）
中国弁護士

現在　　放送大学教授、博士（法学）、中国弁護士（律師）
専攻　　民事法学（商法・保険法）
主な著書・論文

『社会と産業の倫理』（分担執筆　放送大学教育振興会、2021）

『逐条解説　保険法』（共著　弘文堂、2019）

「保険事故発生後における保険金請求権放棄の法的効果」（保険事例研究会レポート(340)1-10、2021）

「団体信用生命保険の告知義務違反による解除の有効性」（法学研究93(11)103-126、2020）

「遺言による共済金受取人の変更に伴う諸問題」（法学研究92(12)103-126、2019）

「保険金受取人先死亡の場合の保険金請求権の帰属─日本の立法政策に関する考察」（私法(82)185-192、2019）

「保険法における告知義務および告知義務違反による解除の法的構成」（放送大学研究年報(35)37-60、2018）

放送大学教材　1730169-1-2311（ラジオ）

一般市民のための法学入門

発　行　　2023年3月20日　第1刷
著　者　　李　鳴
発行所　　一般財団法人　放送大学教育振興会
　　　　　〒105-0001　東京都港区虎ノ門1-14-1　郵政福祉琴平ビル
　　　　　電話　03（3502）2750

Printed in Japan　ISBN978-4-595-32405-5　C1332